Wolf H. Birkenbihl

Maximilian I.

Wolf H. Birkenbihl

Maximilian I.
Kaiser zwischen Traum und Wirklichkeit

Tectum Verlag

Wolf H. Birkenbihl
Maximilian I. Kaiser zwischen Traum und Wirklichkeit
© Tectum – ein Verlag in der Nomos Verlagsgesellschaft, Baden-Baden 2019
ISBN 978-3-8288-4301-1
E-Book 978-3-8288-7216-5

Abbildung Buchtitel: Albrecht Dürer (1471–1528), Kaiser Maximilian I., 1519,
Öl auf Lindenholz; akg-images/Erich Lessing, Berlin
Abbildung S. 6: Albrecht Dürer (1471–1528), Kaiser Maximilian I., 1518,
Kreidezeichnung; akg-images, Berlin

Druck und Bindung: Docupoint, Barleben
Printed in Germany

Alle Rechte vorbehalten

Besuchen Sie uns im Internet
www.tectum-verlag.de

Bibliografische Informationen der Deutschen Nationalbibliothek
Die Deutsche Nationalbibliothek verzeichnet diese Publikation
in der Deutschen Nationalbibliografie; detaillierte bibliografische
Angaben sind im Internet über http://dnb.d-nb.de abrufbar.

„Leb, waiß nit wie lang und stürb, waiß nit wann
mueß faren, waiß nit wohin
mich wundert, das ich so frelich bin."
(Kalligraphische Wandinschrift auf Schloss Tratzberg, Tirol)

"Das ist keiser Maximilian den hab ich / Albrecht Dürer zw Awgspurg hoch oben awff / der pfaltz in seinem kleinen stüble künterfett / do man czahlt 1518 am mandag noch / Johannis tawffer" (eigenhändige Beschriftung Albrecht Dürers)

Inhaltsverzeichnis

Einführung 1
Wesensmerkmale und Charakter 5
Habsburgisches Kaisertum unter Friedrich III. – Aufstieg und Hausmachtbildung 7
Kindheit und Jugend Maximilians 11
Burgundische Heirat und Burgundischer Erbfolgekrieg 19
Rückkehr nach Österreich, Befreiung Wiens und Kampf gegen Ungarn 45
Nachfolge in den österreichischen Erblanden, Abwehr der Türken und Mailänder Heirat 51
Übergabe der Regierung in Burgund, Liga von Venedig und Reichstag zu Worms 1495 ... 57
Italienzug, Reichstag von Lindau 1496/97 und Spanische Doppelhochzeit 63
Reichstag zu Freiburg 1497/98 und Feldzug gegen Hochburgund 69
Schweizer- und Schwabenkrieg sowie Verlust Mailands 73
Augsburger Reichstag des Jahres 1500, Entmachtung im Reich, Türken- und Ungarnfrage 79
Außenpolitischer Systemwechsel – Ausgleich mit Frankreich 83
Bayerisch-pfälzischer Erbfolgekrieg, Reichstag zu Köln 1505 und Feldzug gegen Ungarn 87
Bruch des Vertrages von Hagenau, Tod des Sohnes Philipp und Reichstag zu Konstanz 1507 91
Kaiserproklamation und Krieg um Italien 93
Liga von Cambrai, Reichstage zu Worms 1509 und Augsburg 1510 99

Kaiser-Papst-Plan, neue Heilige Liga, Reichstag zu Trier/Köln 1512 und „Dreieinigkeit" 107

Kampf um Venedig, Wechsel der Bündnisse und Wiener Doppelhochzeit 113

Exkurs: "Gedechtnus" – Konzeption eines Erinnerungswerkes am Beispiel des „Weißkunig" 121

Ende des Venezianerkrieges, Frieden mit Frankreich und Reichstag zu Mainz 1517 125

Augsburger Reichstag 1518 – Türkenfrage und Nachfolge im Reich 129

Krankheit, Tod und Erbe 133

Schlussbetrachtung 141

Zeittafel 143

Literatur- und Quellenverzeichnis 151

Einführung

Maximilian I., der zweite Habsburger auf dem römisch-deutschen Kaiserthron, kann aufgrund seiner komplexen und zugleich so widersprüchlichen Persönlichkeit schwerlich für einen durchschnittlichen Charakter seiner Epoche gehalten werden. Er ist mit Sicherheit eine der faszinierendsten Gestalten an der Wende zur Neuzeit und markiert in der Ahnenreihe der habsburgischen Herrscher eine deutliche Zäsur.

Das Bild des Kaisers in der Geschichte wurde seit jeher, insbesondere aber seit dem 19. Jahrhundert, durch unterschiedlichste Betrachtungsweisen geprägt. Dies hat in erster Linie politische und weniger wissenschaftliche Gründe. Die Politik Maximilians, seine Erfolge wie auch die mitunter durchaus kontroversen Entscheidungen dieses Monarchen, wurden von Historikern entweder stark glorifizierend oder aber extrem abwertend dargestellt. Lange Zeit blieb die Persönlichkeit des Kaisers dessen eigenem, von ihm initiierten, Bild- und Literaturwerk verhaftet.[1] Bedeutenden Künstlern seiner Zeit, wie etwa Albrecht Dürer, Bernhard Strigel oder Hans Burgkmaier, hatte Maximilian den Auftrag erteilt, die wesentlichen Ereignisse seines Lebens mit Hilfe entsprechender Bildfolgen in Szene zu setzen und auf diese Weise seine Taten zu verbreiten. Für die bildliche Ausstattung seiner beiden autobiographischen Schriften, dem „Weißkunig"[2] und dem „Theuerdank"[3], verpflichtete er neben hochrangigen Künstlern auch Druckwerkstätten ersten Ranges. Maximilian zeigte sich so als maßgeblicher

---

1 Manfred Hollegger: Maximilian I. (1459-1519). Herrscher und Mensch einer Zeitenwende, Stuttgart 2005, S. 256-257
2 Marx Treitzsaurwein: Der Weiß Kunig. Eine Erzehlung von den Thaten Kaiser Maximilian des Ersten. Von Marx Treitzsaurwein auf dessen Angaben zusammengetragen, nebst den von Hannsen Burgmair dazu verfertigten Holzschnitten. Herausgegeben aus dem Manuscripte der kaiserl. königl. Hofbibliothek, Wien 1775
3 Melchior Pfintzing (Hrsg.): Die geuerlicheiten und eins teils der geschichten des loblichen streytparen vnd hochberümbten helds und Ritters herr Tewrdanncks, Nürnberg 1517

Förderer dieser zu jener Zeit immer noch verhältnismäßig neuen Form der bereits auch medial genutzten Vervielfältigung und Verbreitung in Gestalt eines Buches oder Flugblattes. Es war dem Kaiser durchaus daran gelegen, ein populäres Bild seiner selbst unter das Volk zu bringen.

Als besonders wegweisend für die Geschichtsschreibung sollte sich der von dem Augsburger Kaufmann und Bankier Johann Jakob Fugger in Auftrag gegebene „Ehrenspiegel" zur Verherrlichung des Hauses Habsburg erweisen, der unter dem Titel „Oesterreichisch Ehrenwerkh"[4] publiziert wurde. Dieses maßgeblich von Clemens Jäger, dem professionellen Geschichtsschreiber der Stadt Augsburg, verfasste, zwischen 1555 und 1559 erschienene zweibändige Werk, setzte dem Kaiser im zweiten Teil, rund 40 Jahre nach dessem Tod, ein anspruchsvoll gestaltetes literarisches Denkmal. Der Nürnberger Dichter Sigmund von Birken bearbeitete diese Schrift von Grund auf und brachte sie im Jahre 1668 unter dem Titel „Spiegel der Ehren des Erzhauses Österreich"[5] neu heraus. Eben diese Publikation sollte für das heroisch geprägte Maximiliansbild, das bis gegen Ende des 19. Jahrhunderts bestand, richtungsweisend sein. Das in den Jahren 1884 und 1891 erschienene, zweibändige Werk des Greifswalder Professors Heinrich Ulmann „Kaiser Maximilian I."[6] ist aufgrund seines Materialreichtums bereits als Ausgangspunkt für jede ernsthafte Maximiliansforschung anzusehen. Erst im 20. Jahrhundert konnte sich letztlich eine weitgehend objektive und kritische Sichtweise des Lebens und Wirkens dieses bedeutenden Habsburgers durchsetzen. Als Standardwerk zu Maximilian I. und seiner Zeit kann wohl bis heute die von dem österreichischen Historiker Hermann Wiesflecker verfasste, zwischen 1971 und 1986 veröffentlichte, fünfbändige Ausgabe „Kaiser Maximilian I. Das Reich, Österreich und Europa an der Wende zur Neuzeit"[7] gelten.

---

4 Clemens Jäger: Oesterreichisch Ehrenwerkh, 2 Bde., Innsbruck 1555, 1559
5 Sigmund von Birken (Bearb.): Spiegel der Ehren des Hoechstloeblichsten Kayser- und Koeniglichen Erzhauses Oesterreich: oder Ausführliche GeschichtSchrift von Desselben, und derer durch Erwählungs-, Heurat-, Erb-, u. Glücks-Fälle ihm zugewandter Käyserlichen HöchstWürde, Königreiche [...], Nürnberg 1668
6 Heinrich Ulmann: Kaiser Maximilian I. Auf urkundlicher Grundlage dargestellt, 2 Bde., Suttgart 1884, 1891
7 Hermann Wiesflecker: Kaiser Maximilian I. Das Reich, Österreich und Europa an der Wende zur Neuzeit, 5 Bde., München 1971-1986

Persönlichkeit und Taten des Kaisers werden in dieser Biographie detailliert untersucht. Vorliegende biographische Darstellung zu Maximilian I. will die einzelnen Lebensstationen dieses Monarchen in chronologischer Reihenfolge nachzeichnen. Dessen Handeln war klar auf Expansion ausgelegt, sowohl mit kriegerischen Mitteln als auch durch vorausschauende Heiratsdiplomatie. Ein Großteil seiner Regierungszeit sollte allerdings zweifellos durch Unternehmungen an diversen Kriegsschauplätzen geprägt sein, die in der nachfolgenden Lebensbeschreibung unweigerlich im Vordergrund stehen. Aber auch die Interessen und Wesensmerkmale dieses Kaisers, die seine Persönlichkeit letztlich ausmachten, finden hierbei Erwähnung.

Wesensmerkmale und Charakter

Durch welche Merkmale kennzeichnete sich das Wesen dieser komplexen Persönlichkeit letztlich aus? Für Maximilian war die Ehre seiner Person, des Heiligen Römischen Reiches und seines Hauses das höchste Gut, für dessen Wahrung er jedes Opfer auf sich zu nehmen schien. Der Kaiser hatte von Anbeginn seiner Herrschaft große Ideen und Visionen im Sinn. Die Verwirklichung der meisten seiner ambitionierten Vorhaben sollte ihm jedoch verwehrt bleiben. Er wäre gerne „der größte Kaiser nach Karl dem Großen" geworden. Mit Sicherheit besaß Maximilian eine ganze Reihe unterschiedlichster, völlig gegensätzlicher, Wesensmerkmale, die bei ihm, je nach Situation, in Erscheinung traten.[8] So konnte er etwa als freigiebiger und einnehmender Charmeur, aber eben auch als geradezu unerbittlicher Erpresser auftreten. Entsprechend den Gegebenheiten zeigte er sich von kraftstrotzender Tollkühnheit oder von zögerlich abwartender Zurückhaltung. Mal gab er sich als weitsichtiger Diplomat, mal als unnachgiebiger Kriegstreiber. Das stark ausgeprägte Charisma des Kaisers fand auf zumeist sehr konträre Weise seinen Ausdruck. Aufgeschlossene Leutseligkeit, emotionale Anteilnahme oder entrückte Unnahbarkeit konnten bei ihm in rascher Folge wechseln. Ein ganz wesentlicher Teil seiner Persönlichkeit waren wohl auch Zustände von Melancholie, die ihn zeitlebens begleiten sollten. Typische Charaktermerkmale dieses Habsburgers, die seine Umgebung immer wieder mit Erstaunen wahrnahm, waren zweifellos seine intelligenten und phantasievollen Einfälle. Zeitgenossen rühmten nicht von ungefähr dessen Klugheit und waren von der Tiefe seiner Fragestellungen überrascht. Maximilian selbst war durchaus von seinem Sendungsbewußtsein und seiner geschichtlichen Bedeutung überzeugt. Das vorrangige politische und dynastische Streben

---

8 Hermann Wiesflecker: Kaiser Maximilian I. Das Reich, Österreich und Europa an der Wende zur Neuzeit, Bd. 1: Jugend, burgundisches Erbe und Römisches Königtum bis zur Alleinherrschaft 1459-1493, München 1971, S. 20-22

des Kaisers, das er letztlich verfehlen sollte, bestand nach Erwerbung des burgundischen Erbes in der Wiederherstellung eines Universalkaisertums ganz im Sinne der hochmittelalterlichen Kaiseridee.[9]

Unabdingbar verbunden mit diesem Ziel des Monarchen und letztlich auch nicht umsetzbar war die Rückgewinnung Reichsitaliens, also jener Gebiete, in denen die deutschen Kaiser des Hochmittelalters Lehnsherren diverser Territorien waren. Teil des „Regnum Italicum" waren seit alters her etwa die Herzogtümer Mailand, Parma und Modena gewesen. Erst Maximilians Enkel, Kaiser Karl V., sollte es dank der ihm zur Verfügung stehenden Ressourcen vergönnt sein, zahlreiche Reichsrechte in Italien wiederherzustellen.[10]

Unbestritten ist es das Verdienst Maximilians, die Fundamente für das habsburgische Weltreich geschaffen zu haben, das nach weiteren territorialen Zugewinnen in den nachfolgenden Jahrhunderten bis zum Ende der Habsburgermonarchie im 20. Jahrhundert Bestand haben würde.[11]

---

9 Wie Anm. 8, S. 25-29, S. 34
10 Ebd., S. 36
11 Hollegger: Maximilian I., S. 269

Habsburgisches Kaisertum unter Friedrich III. – Aufstieg und Hausmachtbildung

Das Kaisertum im Heiligen Römischen Reich unter den Habsburgern schien seit Generationen jeglicher realer Macht beraubt zu sein. Um die kaiserliche Stellung wieder zu kräftigen, wäre eine starke Hausmacht von Nöten gewesen. Gerade diese Schwäche hatte jedoch die Kurfürsten bewogen, Erzherzog Friedrich aus dem Hause Habsburg im Jahre 1440 zum deutschen König und somit zum künftigen Kaiser zu wählen. Da Angelegenheiten des Reiches über die Jahre zu Belangen des Erzhauses geworden waren, zeigte das Reichsgebilde in diversen Bereichen gravierende Auflösungserscheinungen. Friedrich III. fühlte sich zu wenig kompetent, eine umfassende Reichsreform in die Tat umzusetzen. Dynastische Interessen – insbesondere Grenz- und Erbstreitigkeiten – bestimmten das Handeln des Kaisers in den Reichslanden.[12] Neben familiären Streitigkeiten im Erzhaus um Herrschafts- und Einflussgebiete setzten Landfriedensbrüche sowie marodierende Banden, die weite Teile der Bevölkerung in Angst und Schrecken versetzten, der Aufrechterhaltung kaiserlicher Macht stark zu. Hungersnöte, Seuchen und Heuschreckenplagen erschwerten die Lage zusätzlich. In Folge dieser Entwicklung blieben die Steuern aus. Um seinen Verpflichtungen nachkommen zu können, ließ der Kaiser in zunehmendem Maße minderwertige Münzen prägen, die sogenannten Schinderlinge, wodurch sich die Wirtschaftslage immens verschlechterte.[13] Dieser Prozess trug wiederum zu einem Anwachsen des Einflusses der Stände und des Adels bei, da der Landesherr gezwungen war, verstärkt auf deren finanzielle und militärische Hilfe zurückzugreifen. Mochte Friedrichs Kaisertum zu jener Zeit auch schwach und

---

12 Heinz-Dieter Heimann: Die Habsburger. Dynastie und Kaiserreiche, München 2001, S. 39-41
13 Heinrich Koller: Kaiser Friedrich III., Darmstadt 2005, S. 255-256, S. 259

von Gegnern angefochten sein, so schien es doch durch das gute, fast freundschaftliche, Verhältnis zum Papst abgesichert zu sein.[14]

Die Krönung zum Kaiser durch Papst Nikolaus V. im März des Jahres 1452 in Rom war mit Sicherheit einer der Höhepunkte im Leben Friedrichs. Er war der vorletzte römisch-deutsche Kaiser, der vom Papst gekrönt wurde, und der letzte, bei dem dies in der Ewigen Stadt geschah. Es schien, als habe sich der Monarch mit Hilfe dieser Krönung neben dem Papst an der Spitze der christlich-abendländischen Welt etablieren können. Bald schon sollten Kirche und Reich ihr festes Bündnis unter Beweis stellen müssen.[15] Mit dem Fall Konstantinopels an das Osmanische Reich Ende Mai 1453, war das Abendland gefordert, die Gefahr einer Invasion der Türken abzuwehren. Gewaltige Heere des Islam würden in naher Zukunft, so war zu erwarten, die Grenzen Ungarns und Österreichs bedrohen.[16] Wie aber konnte das Heilige Römische Reich, ein Staatsgebilde ohne feste Ordnung, dieser neuen Großmacht am Rande Europas entgegentreten? Den angrenzenden Nachbarn der habsburgischen Erblande blieb nichts anderes übrig, als sich selbst gegen die einfallenden Türken, die 1456 vor Belgrad erschienen waren, zu verteidigen.[17] Nicht nur die Osmanen bedrohten Friedrichs Erzherzogtum, sondern auch dessen Bruder, Erzherzog Albrecht VI., Regent Vorderösterreichs – also jenes Landesteils, der die Reste habsburgischen Besitzes in Schwaben, im Allgäu, in der Schweiz und im Vorarlberg umfasste – brachte den Kaiser in Bedrängnis.[18]

Albrecht forderte das österreichische Erbe des im Jahre 1457 verstorbenen Ladislaus Postumus, eines nachgeborenen Sohnes Albrechts II., des vormals letzten Königs von Ungarn und Böhmen aus dem Hause Habsburg. Da Albrecht II. während eines Feldzuges gegen die Türken im Herbst 1439 einer Seuche, wohl der Ruhr, zum Opfer gefallen war, übernahm Friedrich, als Vetter der nächste männliche Verwandte König Albrechts, die Vormundschaft für seinen vier Monate

---

14 Karl-Friedrich Krieger: Die Habsburger im Mittelalter. Von Rudolf I. bis Friedrich III., Stuttgart ²2004, S. 178-180
15 Ebd., S. 188, S. 191
16 Steven Runciman: Die Eroberung von Konstantinopel 1453, München 1966, S. 138-145
17 Wie Anm. 13, S. 139-140
18 Heimann: Die Habsburger, S. 41

nach dem Tod des Vaters geborenen Neffen.[19] Mit Ladislaus' Ableben fiel nun die Verbindung weg, die die österreichischen Erblande mit Ungarn und Böhmen zusammengehalten hatte. Der Kaiser besaß nicht die Ressourcen, den Abfall dieser Königreiche vom Haus Habsburg aufzuhalten. Albrecht VI. beanspruchte allerdings neben der Erbmasse des Ladislaus auch die niederösterreichischen Länder inklusive Wien, der Residenzstadt Friedrichs. Damit schien der habsburgische Besitz in Österreich vor der Aufspaltung zu stehen.[20] Diesem Bruderzwist, der daraufhin entlang der Donau entbrannte, sollten bürgerkriegsähnliche Zustände folgen, die sich über Jahre hinzogen. Plündernde und mordende Banden zogen durch das Land und versetzten dessen Bewohner unablässig in Angst und Schrecken. Wien lag im Zentrum dieser verheerenden Heimsuchungen und Kampfhandlungen. Über einen Zeitraum von sieben Wochen wurde der Kaiser im Herbst 1462 mitsamt seiner Familie und dem dreijährigen Maximilian in der Hofburg belagert. Friedrich war nicht bereit, seinen Widerstand aufzugeben und seinem Bruder Albrecht die Herrschaft zu überlassen. Letztlich konnte die kaiserliche Familie durch eine Söldnertruppe, die im Auftrag des böhmischen Königs Georg von Podiebrad eingriff, befreit werden.[21] Dem abziehenden Kaiser schrie der Wiener Pöbel noch „Khets gen Graetz"[22] (Haut ab nach Gratz) und „König der Juden"[23] hinterher. In seiner Residenzstadt galt der Steirer Friedrich als landfremd und sah sich aus diesem Grund von Anfang an üblen Schmähungen ausgesetzt. Dieses entwürdigende Erlebnis sollte zu Maximilians frühesten Erinnerungen an seine Kindheit gehören.

Mit dem überraschenden Tod Albrechts VI. im Dezember 1463 war die ursprüngliche Ordnung ganz von selbst wieder eingetreten und die Familie des Kaisers konnte nach Wien zurückkehren. Eine Vielzahl an Fehden veranlasste Friedrich für die kommenden drei Jahre seine Residenz in der Burg in Wiener Neustadt einzurichten und bis

---

19 Ebd.
20 Wie Anm. 14, S. 195-196
21 Koller: Friedrich III., S. 145-147, S. 152
22 Zit. nach: Alphons Lhotsky: Geschichte Österreichs seit der Mitte des 13. Jahrhunderts (1281-1358), Graz-Wien-Köln 1967, Bd. 2, S. 155
23 Ebd.

auf weiteres nicht in der Hofburg zu residieren.[24] Die Stärke Kaiser Friedrichs III. bestand wohl in der Fähigkeit, abwarten zu können. Er verlor die kommende Größe des Hauses Habsburg letztlich nicht aus den Augen und bereitete entscheidende Schritte für seinen Nachfolger vor, die dieser, zumindest teilweise, auch dereinst würde umsetzen können.[25]

---

24 Wie Anm. 21, S. 153, S. 159
25 Krieger: Die Habsburger im Mittelalter, S. 236-237

Kindheit und Jugend Maximilians

In den Wirren jener Zeit wurde Maximilian am Gründonnerstag, dem 22. März 1459, den Annalen nach im Ostturm der Wiener Neustädter Burg „… zwei Stunden vor Sonnenuntergang … "[26] geboren. Dem künftigen Kaiser sagte ein Horoskop angeblich ein äußerst wechselvolles Leben mit allen nur denkbaren Höhen und Tiefen voraus. Der Hofastrologe, Mediziner und Humanist Josef Grünpeck prophezeite dem Knaben einen ständigen Kampf mit widrigen Umständen. Dennoch sah der Gelehrte in dem Kleinkind den kommenden Weltenherrscher, als dieser sich beim ersten Bad abrupt aufgerichtet habe. Bei dieser Weissagung dürfte es sich jedoch, aller Wahrscheinlichkeit nach, um eine – wenn auch mit Bedacht gewählte – freie Erfindung Grünpecks handeln.[27] Pate für den Namen des Kindes stand der heilige Maximilian von Lorch, der im Auftrag von Papst Sixtus II. im dritten nachchristlichen Jahrhundert als Bischof in seiner Heimatstadt Lorch an der Enns den christlichen Glauben verkündet haben soll. Klassische Namensdeutungen, wie sie später von Humanisten erdacht wurden, waren für den Vater wohl nicht von Bedeutung.[28] Die Vorfahren Maximilians waren väterlicherseits vorwiegend deutschstämmig. Von Seiten der Mutter, Eleonore von Portugal, hatte er portugiesisch-spanisches Blut und ein bisweilen aufbrausendes Temperament geerbt. Desweiteren kamen französische und italienische Ahnen hinzu. Die besondere Zuneigung des Sohnes galt von Anbeginn seiner Mutter.[29] Ihre vorbildhafte Haltung während der Belagerung der Wiener Hofburg behielt er ein Leben lang in bester Erinnerung. Die mißliche Lage des Kaisers soll sie zu dem Ausspruch veranlasst haben: „Wüßte ich, mein Sohn, Du würdest einst wie Dein Vater, ich

---

26 Zit. nach: Theodor Ilgen (Hrsg.): Die Geschichte Friedrichs III. und Maximilians I. von Joseph Grünpeck, Leipzig 1899, S. 33
27 Ebd., S. 33-34
28 Heinrich Fichtenau: Der junge Maximilian (1459-1482), München 1959, S. 8
29 Ebd., S. 5-6

müßte bedauern, dich für den Thron geboren zu haben."[30] Dem Vater vermochte Maximilian allem Anschein nach zunächst nicht jene Bewunderung zukommen zu lassen, die er ihm in späteren Jahren durchaus zuteil werden ließ. Hatte der Sohn doch vom Wesen des Vaters manches geerbt. Hervorzuheben ist hier insbesondere die Zähigkeit des Kaisers, ein angestrebtes Ziel, wenn nötig, auch auf Umwegen, mit immer neuen Mitteln unablässig zu verfolgen und vor allem nicht aufzugeben. Auch die Ausdauer im Ertragen von Leid und Schmerz sowie der unerschütterliche Glaube an die kommende Größe des Erzhauses Österreich waren Vater und Sohn zu eigen.[31] Es gab jedoch noch auf einem anderen Gebiet auffallende Ähnlichkeiten. Am väterlichen Hof herrschten dauerhaft Armut und Schulden vor. Kaiser Friedrich III. versuchte, dieser Misere mit an Geiz grenzender Sparsamkeit zu begegnen. So gestaltete sich dessen persönliche Lebensweise mehr als bescheiden, fast schon spartanisch, mit wenig Sinn für höfisches Gepränge oder gar Mäzenatentum. Hinzu kam eine in den Augen der Zeitgenossen merkwürdig anmutende Vorliebe für Gartenarbeit und die Kultivierung von Obstbäumen oder das Sammeln von Edelsteinen.[32]

Der Sohn sollte sich dereinst bemühen, diesem Mißstand der ständig leeren Kassen mit der Erhebung hoher Steuern entgegenzuwirken, konnte das Problem aber dennoch nicht beheben. Ganz im Unterschied zum Vater, der Tanzfesten nur Verachtung entgegenbrachte, gab es für den Sohn nichts schöneres als Maskenfeste, die sogenannten Mummereien, und Geselligkeiten jeder Art. Die Zurückhaltung und Behäbigkeit des Kaisers blieb Maximilian zeitlebens fremd. Ihm lag die offene, südländische Art der Mutter weitaus mehr als die Verschlossenheit des alten Herrn.[33] Seine Phantasie, seinen wachen Geist wie auch seine Tatkraft hatte Maximilian von ihr geerbt. Andere mütterliche Eigenschaften, wie der Hang zum Abenteuer oder der stark ausgeprägte Geltungsdrang, waren Charakterzüge, die Friedrich III. früh erkannte

---

30 Zit. nach: Antonia Zierl: Kaiserin Eleonore, Gemahlin Friedrichs III., in: Amt der Niederösterreichischen Landesregierung (Hrsg.): Friedrich III. Kaiserresidenz Wiener Neustadt (Katalog des Niederösterreichischen Landesmuseums, Neue Folge Nr. 29), Wien-Sankt Pölten 1966, S. 150
31 Wiesflecker: Kaiser Maximilian I., Bd. 1, S. 71
32 Ebd., S. 72
33 Ebd.

und dem Sohn empfahl, Maß zu halten sowie sich in Bescheidenheit zu üben. Seine Kindheit verbrachte der junge Erzherzog in der eher einfach anmutenden Umgebung der Wiener Neustädter Burg, deren Gärten vom Vater zum Teil selber gepflegt wurden. Die weiten Anlagen der Burg mit Forsten und Fischweihern, die von der Ebene bis in das Hochgebirge reichten, boten dem Knaben allerlei Möglichkeiten zur körperlichen Ertüchtigung. Besondere Freude scheint dem kleinen Prinzen das Federspiel – also das Zurückholen des Beizvogels bei der Falkenjagd bereitet zu haben.[34] Maximilian erzog man zusammen mit Kindern aus österreichischem Adel, um ihn an seine „edlen Landleute"[35] zu gewöhnen. Zu den Spielkameraden und Begleitern seiner Jugend zählte auch Otman Kalixt, angeblich ein Halbbruder des Sultans Mehmed, der am Wiener Hof als möglicher Thronprätendent des osmanischen Reiches angesehen wurde. Er war nach Italien geflohen, von Papst Kalixt III. aufgenommen, getauft und dem Kaiser wohl anlässlich seiner zweiten Romreise im Dezember 1468 anvertraut worden. Mit Otman hielt Friedrich III. zugleich ein Unterpfand gegenüber dem Osmanischen Reich in seinen Händen.[36] Der kaiserliche Vater legte großen Wert darauf, dass der Sohn und seine Jugendfreunde am Hof möglichst ungezwungenen Umgang mit dem Gesinde pflegten. Ein gewisses Verständnis Maximilians für das einfache Volk ist ihm ein Leben lang geblieben.[37]

Bei aller, wenn auch zurückhaltenden, Volkstümlichkeit des alten Kaisers, legte dieser doch allergrößten Wert auf eine gründliche geistige Bildung seines Nachfolgers. Gemäß der Devise „… illiteratum regem nihil aliud esse nisi coronatum asinum [… ein König ohne Bildung sei wie ein gekrönter Esel]"[38], wie es im Erziehungsbuch des Ladislaus Postumus stand, ließ der Vater Lehrbücher für seinen Sohn anfertigen, die als wahre Meisterwerke der Buchmalerei gelten können und zugleich

---

34 Sabine Weiss: Zur Herrschaft geboren. Kindheit und Jugend im Haus Habsburg von Kaiser Maximilian bis Kronprinz Rudolf, Innsbruck-Wien 2008, S. 151, S. 153-154
35 Zit. nach: Wiesflecker: Kaiser Maximilian I., Bd. 1, S. 73
36 Wiesflecker: Kaiser Maximilian I., Bd. 1, S. 73
37 Hollegger: Maximilian I., S. 25
38 Zit. nach: Gustav Strakosch-Grassmann: Erziehung und Unterricht im Hause Habsburg, in: 5. Jahresbericht des Realgymnasiums in Korneuburg, Wien 1903, S. 3

den Anfang der Frakturschrift markieren.[39] Unter Maximilians Lehrmeistern der frühen Jahre ab 1466 fand sich kein namhafter Humanist, sondern ausnahmslos Männer alter Schule. Es scheint, als hätte Friedrich III. Lehrer für seinen Sohn bevorzugt, die nicht aus Wien oder Niederösterreich kamen. Den aus Passail in der Steiermark stammenden Peter Engelbrecht, Chorherr des Wiener Neustädter Stiftes, der eher rigorose Methoden zur Anwendung brachte, um seinem Zögling etwa grammatikalische Feinheiten beizubringen, behielt Maximilian in überaus schlechter Erinnerung. Meister Engelbrecht war vom kaiserlichen Vater darin bestärkt worden, von der Rute ausgiebig Gebrauch zu machen, um dem widerspenstigen Knaben notwendiges Wissen beizubringen, wobei das Lateinische hier die einzige Unterrichtssprache war. Täglich wurde der Schüler von seinem Lehrer angehalten, Verse und Sprüche berühmter, zumeist antiker, Autoren auswendig zu lernen, um so den Grundstock einer lateinischen Phraseologie zu schaffen, derer sich der Zögling später bedienen konnte. Für Friedrich hatte eine nüchterne und solide Grundausbildung Priorität vor geistreichen Diskursen.[40] Erst in späteren Jahren konnte Maximilian in Gesprächen mit Gelehrten nachholen, was ihm in seiner Jugend entgangen war. Gehobene Lektüre und Sprachenstudium ermöglichte dem Prinzen sein Lehrer Thomas von Cilli, kaiserlicher Rat sowie Dompropst zu Konstanz und Wien, der wohl im Jahre 1471 seine Tätigkeit als Erzieher antrat. Maximilian sprach ein durchaus passables Gebrauchslatein, sollte aber die lateinische Hochsprache gemäß den Vorstellungen der Humanisten zeit seines Lebens nicht beherrschen.[41] Der heranwachsende Knabe bekam Gelegenheit, sich neben dem Lateinischen und seiner Muttersprache Deutsch noch weitere Sprachen anzueignen. Da es aber nicht seinem Wesen entsprach, sich intensiv und gründlich mit Angelegenheiten zu befassen, war es kaum verwunderlich, dass sich auch das Sprachenstudium des Prinzen in ähnlichen Bahnen bewegte, wobei eine mehrfach bezeugte Sprechstörung, die bis zum neunten oder zehnten Lebensjahr anhielt, noch erschwerend hinzu kam. Französisch und auch Flämisch, das Maximilian am burgundischen Hof erlernen sollte, beherrschte er allem Anschein

---

39 Heinrich Fichtenau: Die Lehrbücher Maximilians I. und die Anfänge der Frakturschrift, Hamburg 1961, S. 5-6
40 Ebd., S. 6, S. 10-11
41 Ebd., S. 12, S. 14

nach einigermaßen flüssig. Hingegen sprach er Spanisch und Englisch wohl nur derart rudimentär, dass es allenfalls für eine Unterhaltung mit Landsknechten ausreichen mochte, wie er selbst einmal scherzhaft feststellte. Recht gut hingegen scheinen seine Kenntnisse – wenn man Zeitgenossen trauen darf – im Italienischen gewesen zu sein.[42]

Mit dem Tod der Mutter im Jahre 1467 verschwand für Maximilian und seine sechs Jahre jüngere Schwester Kunigunde jener Mensch aus ihrem Leben, der beiden am nächsten stand und ihnen liebevoll zugetan war. Fortan zog die kleine Familie des Kaisers mitsamt einer eher bescheidenen Hofhaltung von einer Residenz zur nächsten. Für den Heranwachsenden begann nun mit dem unaufhörlichen Wechsel der Aufenthaltsorte jenes rastlose Dasein, das letztlich erst mit dem Tod Maximilians ein Ende finden sollte.[43]

Bald nach Eleonores Ableben wurde der Achtjährige in die Obhut zweier Männer, Sigmund Prüschenk Freiherr zu Stettenberg und Wolfgang von Polheim, gegeben, die beide treue Gefolgsleute Kaiser Friedrichs waren und in der Folgezeit die wichtigsten Vertrauten des jungen Maximilian wurden. Neben dem Waffentraining gehörte die Jagd zu seinen Lieblingsbeschäftigungen. Bereits seit frühester Kindheit war er an den Umgang mit Pferden, Hunden und Falken sowie die Handhabung von Jagdgeräten oder Stechzeug gewöhnt worden.[44]

Maximilians Hang zur Tollkühnheit trat in den folgenden Jahren bereits immer deutlicher hervor. Waffentraining, Jagd und Bewegung in freier Natur schienen, so die Idee des Vaters, auch dazu geeignet, den jungen Mann von unlauteren Vergnügungen und Torheiten jeglicher Art abzuhalten.[45]

Allem Anschein nach ließ sich der Heranwachsende wenig vom Ansinnen des Vaters leiten, sondern schlug vielmehr eigene Wege ein, die immer deutlicher seinen Hang zur Maßlosigkeit hervorkehrten. Maximilian selbst vertrat in späteren Jahren die Meinung, ein junger Bursche müsse mindestens sieben Jahre lang ein Draufgänger gewesen

---

42 Hollegger: Maximilian I., S. 22
43 Wiesflecker: Kaiser Maximilian I., Bd. 1, S. 80-82
44 Ebd., S. 81
45 Fichtenau: Der junge Maximilian, S. 17-18

sein, um sich dereinst mit voller Bereitschaft den ernsten Dingen des Lebens widmen zu können.[46]

Als der jugendliche Prinz begann, eine tiefergehende Neigung zu Büchern zu entwickeln, bot ihm die wohlsortierte Bibliothek des Vaters eine erste reichhaltige Informationsquelle. Seinem Lieblingsthema – Chronik und Geschichte – näherte er sich über Bibel, Sagen und Heldenepen an. Maximilian fand seine vorbildhaften Helden weniger bei den klassischen Autoren und Geschichtsschreibern – Cäsar hat er wohl allem Anschein nach gelesen –, sondern hauptsächlich in der Heiligen Schrift und in deutschen Heldenliedern, vor allem im Nibelungenlied.[47]

Recht früh entdeckte der sensible Knabe seine überaus große Liebe zur Musik. Da Maximilian zeitweise zur Melancholie neigte, fand er stets Aufheiterung an musikalischen Darbietungen. Am väterlichen Hof machte der Prinz die Bekanntschaft des später berühmten Musikers und Hoforganisten Paul Hofhaimer aus Radstadt im Salzburger Land, der einst als Sängerknabe in der kaiserlichen Hofkapelle angefangen hatte.[48] Dieser Einfluss von Kindesbeinen an legte die Grundlage für Maximilians eigenes, lebenslanges musikalisches Engagement. Er würde sich dereinst nicht nur mit größtem Eifer der kaiserlichen Kantorei sowie der Hofkapelle widmen, sondern ebenso den berittenen Trompetern, Posaunisten und Paukenschlägern – seiner „Kriegsmusik" –, die neben dem Einsatz im Krieg auch bei diversen kaiserlichen Auftritten und Turnieren Beachtung finden sollte.[49]

Neben körperlicher Ertüchtigung, schulischer Bildung und geistreicher Beschäftigung legte Friedrich III. allem Anschein nach auch allergrößten Wert auf Kenntnisse des Heranwachsenden und zukünftigen Nachfolgers in Regierungsangelegenheiten. „Wolle der Sohn ein Reich regieren, müsse er mehr wissen als Volk und Fürsten".[50] Gemäß diesem Motto weihte der Kaiser den Sohn persönlich in die Staatsge-

---

46 Wie Anm. 42, S. 23
47 Wie Anm. 43, S. 76-77
48 Manfred Schuler: Zur Orgelkunst am Hof Kaiser Maximilians I., in: Walter Salmen (Hrsg.): Musik und Tanz zur Zeit Kaiser Maximilian I. Innsbrucker Beiträge zur Musikwissenschaft, Bd. 15, Innsbruck 1992, S 123-124
49 Keith Polk: Patronage, Imperial Image, and the Emperor's Musical Retinue: On the Road with Maximilian I., in: Salmen (Hrsg.): Musik und Tanz, S. 79-80, 82-83
50 Zit. nach: Wiesflecker: Kaiser Maximilian I., Bd. 1, S. 74

schäfte ein. Zudem ließ es sich der Vater nicht nehmen, den Prinzen in der „Secretarikunst" zu unterweisen und warnte ihn ausdrücklich davor, seinen Sekretären zu viel Einfluss in Regierungsangelegenheiten einzuräumen. Am allermeisten aber legte er ihm ans Herz, sich vor den Landständen in Acht zu nehmen, da diese es ausschließlich darauf abgesehen hätten, den Fürsten in seiner Macht stark einzuschränken.[51] Neben einer Unterweisung des Sohnes in Staatsangelegenheiten, förderte der Vater wohl auch mit Nachdruck, dass der Thronfolger in handwerklichen Fertigkeiten Erfahrungen sammelte. Das Schmieden von Waffen, das Gießen von Geschützen, das Prägen von Münzen oder aber das Arbeiten an der Drechselbank zählte zu jenen praktischen Tätigkeiten, die der junge Erzherzog zumindest ansatzweise kennenlernen durfte. Manche dieser Betätigungen scheint Maximilian mit überaus großer Geschicklichkeit und Kompetenz ausgeübt zu haben – nachweislich vor allem das Hantieren an der Drechselbank.[52]

Von Kindheit an wurde Maximilian einerseits durch reinen Rationalismus, andererseits aber auch durch romantisches und frommes Gedankengut geprägt. Eine besondere Herzensangelegenheit des alten Kaisers war die Religion, also die Lehre der römisch-katholischen Kirche, die er dem Sohn persönlich näher zu bringen versuchte. Sowohl Vater, als auch Mutter gaben den Kindern ein Beispiel an gelebter Frömmigkeit. Zum Alltag des Hofes gehörten täglicher Gottesdienst, fromme Stiftungen und Wallfahrten. Friedrich vertraute ganz auf das Gottesgnadentum und sah sein Schicksal als Monarch eng mit dem Willen Gottes verknüpft.[53]

In der väterlichen Bibliothek hatte Maximilian reichlich Gelegenheit, sich intensiv mit Glaubensfragen auseinanderzusetzen. Rund die Hälfte der in der Hofbibliothek befindlichen Bände behandelten religiöse Themen. Auch die sogenannten schwarzen Bücher, die der Kaiser dem Sohn keinesfalls vorenthielt, erweckten dessen reges Interesse. Maximilian beschäftigte sich zeitlebens mit Alchimie, Astrologie, Mystik und allen Formen des Aberglaubens.[54] So verwundert es nicht, dass die Volkssage den späteren Kaiser in Verbindung mit Doktor Faustus –

---

51 Hollegger: Maximilian I., S. 24-25
52 Ebd., S. 24
53 Koller: Friedrich III., S. 241-243
54 Ebd., S. 173-175

jener mythologischen Figur, die mit dem Teufel im Bunde steht – brachte. Sterndeuter und Wahrsager wie Josef Grünpeck, Johannes Lichtenberger oder Agrippa von Nettesheim sollten bei Maximilian stets Gehör und offene Türen finden. Aus Furcht vor kirchlichem Verbot, wagte er es nicht, wie er es nur allzu gerne getan hätte, alle diese „geheimen" Wissenschaften in einem Buch zusammenzufassen.[55]

Abschließend lässt sich sagen, dass der Vater dem Sohn insbesondere den schier unerschütterlichen Glauben an die Größe, die Erwähltheit und das Sendungsbewußtsein des Hauses Habsburg vermittelt beziehungsweise vererbt hat. Maximilian selbst sah sich seit frühester Jugend durch die Gnade Gottes dazu auserkoren, seine österreichischen Erblande dereinst in vollkommen eigener Verantwortung zu regieren. Die Berufung der Habsburger zur Weltherrschaft war ihm, seiner eigenen Überzeugung nach, in die Wiege gelegt worden.[56]

---

55 Wiesflecker: Kaiser Maximilian I., Bd. 1, S. 78
56 Koller: Friedrich III., S. 248-250

Burgundische Heirat und Burgundischer Erbfolgekrieg

Bereits im Jahre 1463 hatte Papst Pius II., der vor seiner Erhebung unter seinem Geburtsnamen Enea Silvio Piccolomini, Sekretär in Diensten Kaiser Friedrichs III. gewesen war, eine Heirat Maximilians mit Maria von Burgund, der Tochter Herzog Karl des Kühnen, angeregt. Seiner Ansicht nach würde durch eine Verbindung des Hauses Habsburg mit der Großmacht Burgund die Stellung des Kaisers im Heiligen Römischen Reich immens gestärkt und zudem ein mögliches Bollwerk gegen die drohende Türkengefahr geschaffen werden. Die Türken waren für die österreichischen Erblande zu einer existentiellen Frage geworden und sollten es für Jahrhunderte bleiben.[57]

Karl sah über die Hand seiner einzigen Tochter, deren erstaunliches Erbe auch den Kaiser in Bann ziehen musste, eine willkommene Möglichkeit, für sein Länderkonglomerat Burgund – einem Großreich von der Nordsee bis zum Mittelmeer – die Königskrone als Reichslehen zu erlangen.[58] Das burgundische Staatsgebilde bestand, ähnlich wie die habsburgischen Erblande, aus einer Vielzahl eigenständiger Territorien, die ausschließlich durch das dynastische Band zusammengehalten wurden. Friedrich III. betrachtete das Ansinnen des Burgunderherzogs eher mit Skepsis und so schien es, dass sich alle weiteren Verhandlungen bis auf weiteres zerschlagen hätten. Nach Prüfung möglicher anderer Heiratsoptionen begann man auf Drängen Karls im Dezember 1472 die Beratungen wieder aufzunehmen, um eine Heirat zu konkretisieren.[59] Eine Zusammenkunft beider Fürsten wurde nach diversen Aufschüben für September 1473 anberaumt. Die seit einiger Zeit im Raum stehende Vorbereitung eines Kreuzzuges der Christenheit gegen die Türken schien die Hoffnungen und Erwartungen vieler

---

57 Hollegger: Maximilian I., S. 29
58 Krieger: Die Habsburger im Mittelalter, S. 213
59 Ebd., S. 214

angesichts dieses Treffens zu beflügeln. Ein sich aus dieser Verbindung ergebender Machtblock zwischen den Häusern Valois in Burgund und Habsburg in Österreich würde allerdings, so die allgemeine Befürchtung, die Stellung manch anderer Dynastie in Europa sowie den Einfluss der Reichsfürsten ganz erheblich schwächen.[60]

Mit einem großem Gefolge von Kurfürsten, Fürsten und Reitern – insgesamt etwa 2500 Pferde – hielt der Kaiser in Begleitung seines 14jährigen Sohnes am 28. September 1473 Einzug in die Bischofsstadt Trier. Zwei Tage später traf auch der Burgunder, begleitet von der Elite seines Adels, mit einem weitaus prächtigeren Zug als Friedrich III. in der Stadt ein. Rund 3000 schwere Panzerreiter und 5000 leichte Reiter sowie etliche tausend Mann Fußtruppen zählten zu seiner Begleitung.[61]

Maximilian hegte größte Bewunderung für den stets in kostbarster Aufmachung auftretenden Herzog, den er – weitaus mehr als den Vater – als richtungsweisendes Vorbild ansah. Auch Karl soll am jungen Erzherzog, der auf seinem braunen Hengst einen imposanten Anblick bot, durchaus Gefallen gefunden haben.[62] Neben der eher vorgeschobenen Planung eines Türkenfeldzuges näherte man sich in den folgenden acht Wochen der eigentlichen Thematik an – den Heiratsplänen und dem Streben Karls nach einer burgundischen Königskrone –, quasi als Gegenleistung für das anvisierte Eheprojekt. Zwischen den Verhandlungen gab es auf beiden Seiten diverse Festlichkeiten, Gastmähler und Turniere, wobei man sich stets darum bemühte, die jeweils andere Seite an Aufwand und Extravaganz zu übertreffen.[63]

Das Ansinnen Karls, ihm neben dem Titel eines Burgunderkönigs auch das römisch-deutsche Königtum und somit die Aussicht auf die Nachfolge im Heiligen Römischen Reich zuzugestehen, lehnte Friedrich III. freilich ab. Der Kaiser mag hier mit Sicherheit vorrangig an seinen Sohn Maximilian gedacht haben, dem dereinst diese Krone zufallen sollte.[64]

---

60 Buchner: Maximilian I., S. 16-17
61 Wie Anm. 55, S. 96-97
62 Fichtenau: Der junge Maximilian, S. 24
63 Ebd., S. 24-26
64 Koller: Friedrich III., S. 186-187

Friedrich war darüber hinaus nicht gewillt, sich ohne weiteres über die Rechte der Kurfürsten, dem Wahlgremium des Reiches, hinwegzusetzen. Ohne eindeutige Zustimmung des Kurfürstenkollegiums, konnte es nach Auffassung des Habsburgers generell keine Königswahl geben. Die immer maßloser werdenden Forderungen Karls führten letztlich dazu, dass es zu keinem Konsens zwischen den beiden Parteien mehr kam.[65] Der Kaiser belehnte den Burgunder zwar ehrenhalber mit dem Herzogtum Geldern am Niederrhein, das Karl bereits zuvor erobert hatte. Auch ein Königstitel für eines der reichslehenbaren Länder Burgunds wäre mit ihm durchaus verhandelbar gewesen. Darüber hinaus zeigte sich der Monarch aber zu keinen weiteren Zugeständnissen bereit, die auf Kosten seines Majestätsrechtes oder zu Lasten des Reiches gegangen wären.[66] Friedrich konnte sich wohl auch des nicht unbegründeten Verdachtes erwehren, dass der Burgunderherzog mit Erlangung eines Königstitels zugleich all jene Territorien seines Herrschaftsverbandes, die bislang unmittelbare Reichslehen waren, wie etwa das Herzogtum Luxemburg, vom Reichsgebiet trennen wollte. Diese Pattsituation bei den Verhandlungen sowie genannte Unstimmigkeiten veranlassten den Habsburger schließlich dazu, am frühen Morgen des 25. November 1473 Trier ohne Verabschiedung der burgundischen Delegation zu verlassen.[67]

Der Herzog wollte sich nicht geschlagen geben. Mögen seine Pläne für ein Königreich Burgund auch in Trier gescheitert sein, so setzte er fortan auf eine militärische Lösung seines Vorhabens. Einen Anlass für eine kriegerische Aktion gab ihm die sogenannte Kölner Stiftsfehde. Hierbei ging es um eine erbitterte Auseinandersetzung des Kölner Kurfürsten und Erzbischofs, Ruprecht von der Pfalz, mit dem Domkapitel, der Stadt Köln und den Landständen bezüglich der finanziellen Sanierung des unter seinen Vorgängern völlig abgewirtschafteten Hochstifts.[68] Ruprecht beabsichtigte, die finanziellen Privilegien der innerhalb seines Erzbistums gelegenen Städte und Dörfer zu beschneiden, um so – mit Hilfe einer höheren Besteuerung – die wirtschaftliche Situation möglichst rasch in den Griff zu bekommen. Karl, den ein en-

---

65 Ebd.
66 Krieger: Die Habsburger im Mittelalter, S. 214-215
67 Ebd., S. 213-214
68 Wie Anm. 64, S. 190

ges Bündnis mit dem Kölner Kurfürsten verband, bot dieser Streit eine willkommene Gelegenheit, gegen den Kaiser zu intervenieren, der eindeutig die Partei des Domkapitels sowie der Stadt Köln ergriffen hatte. Dem in Bedrängnis geratenen und durch das Domkapitel kurzerhand abgesetzten Erzbischof kam nun sein burgundischer Schutzherr zur Hilfe.[69]

Der Plan Karls bestand wohl vorrangig darin, sich Köln untertan zu machen, so wie sich einst die Bistümer Lüttich, Utrecht und andere den Herzögen von Burgund hatten unterwerfen müssen. Zunächst versuchte der Burgunder in einer mehr als zehnmonatigen Belagerung zwischen Ende Juli 1474 und Ende Mai 1475 – letztlich erfolglos – die zum Kölner Erzstift gehörende Stadt Neuss am Niederrhein einzunehmen, da diese sich eindeutig gegen seinen Verbündeten, den Erzbischof, positioniert hatte. Friedrich III., der kriegerischen Auseinandersetzungen eher reserviert gegenüberstand, gelang es, ein Reichsheer zu sammeln und die belagerte Stadt zu entsetzen.[70] In seinem Aufgebotsschreiben zum Reichskrieg machte sich der Habsburger eine bis dahin kaum gekannte Erregung der Bevölkerung nach dem Einfall des Burgunders zu Nutzen, indem er die Reichsstände mit einer in dieser Form bisher nicht gebrauchten und von daher ungewöhnlichen Formel an ihre Gehorsamspflicht erinnerte: „… als ir uns, dem heiligen reich, euch selbst und Deutscher nacion zu tunde schuldig seit."[71] Die Ankunft des Entsatzheeres unter Führung des fast 60jährigen Kaisers am 22. Mai 1475 vor den Mauern von Neuss, scheint den Burgunderherzog schließlich zum Einlenken bewogen zu haben. Karl brach die Belagerung ab, schloss am 29. Mai mit Friedrich Waffenstillstand und gab ihm das Versprechen, seine Tochter Maria mit Maximilian zu vermählen.[72]

Eine Gegenleistung in Form einer Königskrone konnte der burgundische Herzog unter diesen Umständen freilich nicht mehr fordern. Den Mißerfolg von Neuss sollte der Burgunder bald darauf mit einem raschen und glanzvollen Sieg über Lothringen, das ihm im Juni 1475 –

---

69 Wie Anm. 64, S. 191
70 Werner Paravicini: Karl der Kühne. Das Ende des Hauses Burgund, Zürich-Frankfurt 1976, S. 85, S. 90-91
71 Zit. nach: Krieger: Die Habsburger im Mittelalter, S. 217
72 Wie Anm. 70, S. 91

noch während der Belagerung von Neuss – den Krieg erklärt hatte, ausgleichen und sein angeschlagenes Selbsbewußtsein wieder stärken können. Karl hatte René, dem Herzog von Lothringen, die Rechtmäßigkeit seiner Erbfolge streitig gemacht und ihn auf diese Weise herausgefordert. Die Eroberung Lothringens schien ihm die schon lange angestrebte Realisierung einer Landverbindung zwischen den nördlichen und südlichen Territorien seines burgundischen Herrschaftsbereiches zu ermöglichen.[73] Bald nach dem Einzug als gefeierter Sieger in die Residenzstadt Nancy am 30. November 1475 begann der Herzog, siegessicher und voll Elan, im Februar 1476 einen Feldzug gegen die Schweizer Eidgenossen – seinem gefährlichsten Gegner an der südöstlichen Grenze des Burgunderreiches. Die Eidgenossenschaft hatte sich zudem eindeutig gegen die Expansionsbestrebungen Karls positioniert. Dieses Unternehmen sollte ihm letztlich zum Verhängnis werden. Bereits das erste Treffen mit einer eidgenössischen Armee am 2. März 1476 bei Grandson im Kanton Waadt endete für den Burgunder mit einer herben Niederlage, bei der er nicht nur seine gesamte Artillerie, sondern auch einen Teil seines Hausschatzes, den er stets mit sich führte, verlor.[74]

Das Unglück war von da an nicht mehr aufzuhalten. Nahe des schweizerischen Murten im Waadtland wurde der Herzog am 22. Juni 1476 von den Eidgenossen vernichtend geschlagen, wobei er einen Großteil seiner Truppen einbüßte. Es erfolgte nun zwar kein Generalangriff auf den burgundischen Staat, aber Karls Prestige war ernstlich getroffen. Mit weit unterlegenen Kräften und nachdem sich das erst kurz zuvor eroberte Lothringen – begünstigt durch Aufstände der Bevölkerung – wieder erfolgreich von ihm losgesagt hatte, suchte der Machthaber Burgunds in seiner verzweifelten Lage die Entscheidung vor Nancy, das der lothringische Herzog kurz zuvor ohne größere Anstrengungen wieder hatte einnehmen können.[75]

Unmittelbar vor Beginn der Schlacht soll der Burgunder den kaiserlichen Gesandten nochmals seinen festen Willen zur bereits beschlossenen Heirat bekundet haben. Im Falle seines Todes sah er in

---

73 Hermann Kamp: Burgund. Geschichte und Kultur, München 2007, S. 70
74 Wolf-Dietrich Hänssler: Die großen Herzöge Burgunds, Wegbereiter Europas, Eislingen 1981, S. 144-147
75 Ebd., S. 149-151

dieser Verbindung zwischen Österreich und Burgund allem Anschein nach die einzig reelle Chance, sein Herzogtum vor dem sicheren Untergang zu bewahren.[76]

Am späten Vormittag des 5. Januar 1477 bezog Burgunds Herzog mit seinen Truppen vor den Toren Nancys Stellung und wurde von einem lothringisch-eidgenössischen Heer endgültig geschlagen. Bei Einbruch der Dunkelheit war die Schlacht entschieden und das Schicksal Karls besiegelt. Den stark entstellten Leichnam des 44jährigen Herzogs, von schweizerischen Söldnern nahezu völlig ausgeraubt, fand man zwei Tage später halbnackt, gefroren, von Lanzenstichen durchbohrt und von Wölfen angefressen nahe einem Weiher.[77]

Verhandlungen über eine einvernehmliche Lösung seitens Burgunds mit dem französischen König Ludwig XI., der den Tod Karls geradezu mit Euphorie aufgenommen haben soll, zerschlugen sich rasch. Ludwig zog umgehend die altburgundischen Länder, bei denen es sich nicht nur um französische Kronlehen, sondern auch um sogenannte Mannlehen handelte, die allesamt nicht auf Karls Tochter und Erbin übergehen konnten, für die französische Krone ein. Er beabsichtigte zudem, sich das übrige Herzogtum inklusive der zum Lehensverband des Heiligen Römischen Reiches gehörenden Freigrafschaft Burgund anzueignen – eventuell auch durch eine Eheschließung des erst siebenjährigen Dauphin mit der 20 Jahre alten Erbherzogin Maria. Das Herzogtum auf diese Weise vor dem Zugriff Frankreichs zu bewahren, kam für die Erbin Burgunds jedoch zu keinem Zeitpunkt in Betracht.[78] Die Tochter Karls verstand es, all den äußeren und inneren Feinden entschlossen entgegenzutreten. Unterstützung erfuhr sie hierbei durch einige wenige Getreue und Verwandte, wie etwa ihrer Mutter Margarethe von York, die fest auf ihrer Seite standen. Da Maria über keine Armee verfügte, berief sie die Generalstände in das flandrische Gent, um von ihnen angesichts der drohenden französischen Invasion finanzielle Hilfe und die Aufstellung von Truppen zu erbitten. Als Gegenleistung bestanden die Stände auf Rückgabe ihrer Privilegien, die ihnen einst von Karl dem Kühnen stark geschmälert oder gar genommen worden waren. Die Ständeversammlung ließ sich, angetrieben von den starken

---

76 Koller: Friedrich III., S. 195
77 Hänssler: Die großen Herzöge Burgunds, S. 158-159
78 Paravicini: Karl der Kühne, S. 112-113

Spannungen nach Auflösung des rigiden Zentralismus, der während der Regentschaft Karls vorgeherrscht hatte, zu einem offenen Aufstand mitreißen.[79] Binnen kurzer Zeit wurden auch andere Provinzen des Herzogtums – Brabant, Hennegau und Holland – von der Genter Erhebung ergriffen, die wohl auch als eine Warnung an Maria gesehen werden kann, sollte sie an den Herrschaftsprinzipien ihres Vaters festhalten. Derart bedrängt, räumte sie den Generalständen Burgunds bereits im Februar 1477 das sogenannte Große Privileg ein, das ihnen das Recht zubilligte, sich jederzeit selbst einberufen zu können. Zudem verpflichtete sie sich, ohne Zustimmung der Stände keine Kriege zu führen oder Friedensschlüsse auszuhandeln.[80]

In dieser prekären Lage gelang es der Erbherzogin, sich als klug und ausdauernd zu bewähren. Ihre ganze Hoffnung konzentrierte sich nun auf die Heirat mit ihrem Verlobten Maximilian, die schließlich durch Ferntrauung am 21. April 1477 in Brüssel zustande kam. Burgunds Erbherrin bat ihren Bräutigam, so rasch wie möglich in die burgundischen Länder zu kommen, da seine aktive Unterstützung für sie unverzichtbar geworden war.[81]

Die angesichts der drohenden Gefahr endlich – wenn zunächst auch nur per procurationem – zu einem Abschluss gekommene Heirat führte zu einer unverhofften Wendung der öffentlichen Meinung zu Gunsten Marias. Man erwartete sich vom Haus Habsburg die rasche Wiederherstellung von Ruhe und Ordnung im Land sowie einen umfassenden Schutz gegen jedwede französische Bedrohung. Die Rebellion flaute nun allmählich ab.[82] Der Widerstandsgeist des heimischen Adels und der Bevölkerung gegenüber den französischen Eindringlingen wurde wohl noch durch die Tatsache befördert, dass es sich bei der Erbherzogin Burgunds um eine Frau handelte. Mit rascher Umsetzung der Heirat wollte der Kaiser seinem Haus nun die burgundischen Länder sichern und handelte sofort. Noch im April 1477 schickte Friedrich III. unter Führung des kaiserlichen Rates, Protonotars und Bischofs von Metz, Georg von Heßler, eine Delegation nach Burgund, die von

---

79 Ebd., S. 114
80 Kamp: Burgund, S. 95-96
81 Ebd., S. 97
82 Hollegger: Maximilian I., S. 33

300 Reitern eskortiert wurde.[83] Die kaiserlichen Gesandten konnten voll Zufriedenheit nach Wien berichten, dass der junge Erzherzog geradezu sehnsüchtig erwartet werde. Maximilian brach am 21. Mai 1477 von Wien auf und hielt 88 Tage später, am 18. August, unter Begleitung seines engeren Hofstaates von rund 70 Personen, Einzug in Gent. Der Prinz sei, so berichtet der burgundische Hofdichter und Chronist, Jean Molinet, „wie ein Engel, der vom Himmel kam"[84] eingeritten und vom Volk mit überschwänglichem Jubel empfangen worden.[85]

Noch am Abend des gleichen Tages fand die erstmalige Begegnung beider Brautleute in der herzoglichen Stadtresidenz Ten Walle zu Gent statt und es wurde die letztgültige Fassung des Heiratsvertrages von beiden Seiten unterzeichnet. Am folgenden Tag, dem 19. August, beging man, wohl aufgrund der Hoftrauer um Karl den Kühnen, in eher bescheidenem, aber dennoch feierlichem Rahmen, die Hochzeit in der Hofkapelle. Festmähler, Turniere und Maskenbälle wechselten sich im Anschluss daran in rascher Folge ab.[86]

An seinen Freund und Vertrauten, Sigmund Prüschenk Freiherrn zu Stettenberg, schrieb Maximilian voll Euphorie in den ersten Wochen nach seiner Ankunft: „Hetten wir hie fried, wir säßen im rosengarten!"[87] Doch man hatte den jungen Erzherzog wahrhaftig nicht für die Teilhabe an diversen Vergnügungen nach Burgund kommen lassen, sondern um mit seiner tatkräftigen Unterstützung und der seines Hauses die Franzosen zu bekämpfen, die den Frieden des Landes unmittelbar bedrohten. Bereits kurz nach den Hochzeitsfeierlichkeiten begannen unter der Ägide Maximilians die Verhandlungen mit den

---

83 Fichtenau: Der junge Maximilian, S. 30-31
84 Zit. nach: Wiesflecker, Kaiser Maximilian I., Bd. 1, S. 131-132
85 Wie Anm. 83, S. 32-33
86 Ebd., S. 33
87 Brief Maximilians an Sigmund Prüschenk vom 8. Dezember 1477, zit. nach: Victor von Kraus (Hrsg.): Maximilians I. vertraulicher Briefwechsel mit Sigmund Prüschenk Freiherrn zu Stettenberg nebst einer Anzahl zeitgenössischer das Leben am Hofe beleuchtender Briefe, Innsbruck 1875, S. 28

Generalständen bezüglich der dringend benötigten Geld- und Truppenhilfen.[88]

Es bestand Anlass zur Eile, denn zwischenzeitlich war die französische Armee an die Grenzen der burgundischen Gebiete Flandern und Hennegau vorgerückt. Die Vorbereitungen für einen breit angelegten Vorstoß gegen Gent, Brügge, Lüttich und Brüssel – allesamt wichtige Handelszentren des Herzogtums Burgund – liefen bereits. Maximilian sollte bei der Verteidigung der seinem Haus durch Heirat zugefallenen Territorien überaus viel Weitsicht und Kampfbereitschaft aufbringen. Der Habsburger forderte in seinem und im Namen Marias ohne langes Zögern vom französischen König die Herausgabe der von ihm besetzten burgundischen Territorien.[89] Da Ludwig XI. harte und womöglich lang andauernde Kampfhandlungen unbedingt vermeiden wollte, willigte er im November 1477 in einen Waffenstillstand mit Maximilian ein, der jedoch nur von kurzer Dauer sein sollte. Einige wenige Grenzstädte – darunter die Reichsstadt Cambrai – trat der Franzosenkönig auf Grundlage vertraglicher Vereinbarungen wieder ab. Kaiser Friedrich III. hatte hier unter Androhung eines Reichskrieges vehement gegen die Verletzung von Reichsrechten protestiert. Den größten Teil der von ihm besetzten Gebiete, insbesondere das eigentliche Kerngebiet Burgunds mit der Residenzstadt Dijon, die Freigrafschaft Burgund sowie die nördlichen, einst zu Frankreich gehörenden, Regionen Picardie und Artois, behielt Ludwig bis auf weiteres zurück. Maximilian war es gelungen, den französischen Vormarsch mit weit unterlegenen Kräften aufgehalten zu haben.[90] An den Grenzen Burgunds hatte sich mit den Habsburgern eine starke Schutzmacht etabliert, die auf den König von Frankreich allem Anschein nach eine durchaus abschreckende Wirkung besaß. Der frisch vermählte 18jährige Maximilian, ein mittelgroßer Mann von eher untersetzter, aber athletischer Statur mit kantigem Gesicht, umrahmt von schulterlangen, leicht gewellten, blonden Haaren und Hakennase, iure uxoris Herzog

---

88 Wim Blockmans: Maximilian und die burgundischen Niederlande, in: Georg Schmidt-von Rhein (Hrsg.): Kaiser Maximilian I. Bewahrer und Reformer, Ramstein 2002, S. 57
89 Buchner: Maximilian I., S. 23
90 Paul Murray Kendall: Ludwig XI. König von Frankreich 1423-1483, München 1979, S. 396-397

von Burgund, war sich bewußt, dass dieser Krieg gegen Frankreich noch lange nicht beendet, geschweige denn gewonnen war.[91] Als Verbündete gegen die an den Grenzen liegenden Franzosen konnte er mit Hilfe seiner Schwiegermutter, Margarethe von York, die Engländer gewinnen, da weder sein im Kampf gegen den Ungarnkönig Matthias Corvinus verstrickter Vater noch die Reichsstände bereit waren, ihm finanzielle Hilfe für die Aufstellung von Truppenkontingenten zur Verfügung zu stellen. Das burgundisch-englische Bündnis, das sich auf ein bereits existierendes Handelsabkommen stützen konnte, sollte schließlich sogar zu einem Kriegsbündnis erweitert werden.[92]

Aufgrund des Waffenstillstands zwischen Burgund und Frankreich verliefen die Wintermonate 1477/78 ruhig und ohne tiefgreifende Kampfhandlungen. Maximilian fand nun Zeit, sich seiner jungen Ehe zu widmen. Für ihn war Maria von Burgund, wie er seinem Vertrauten, Sigmund Prüschenk, im Dezember 1477 schrieb, die wohl schönste Frau der Welt: „Hab ein schöns, froms, tugenhafftigs weib, [...] von leib klein [...] und schneeweis; ein prauns haar, ein kleins naßl, ein kleins heuptel und antlitz; praun undt grabe (graue) augen gemischt, schön und lauter [...]. Der mund ist etwas hoch, doch rein und rot [...]. Mein gemahl ist ein gantze waidtmännin mit valckhen und hundten. Sie hat ein weiß windtspil [...] daz liegt [...] alle nacht bey uns."[93] Maximilian und Maria scheinen in mancherlei Hinsicht durchaus wesensverwandt gewesen zu sein. Beide widmeten sich mit Leidenschaft dem Reiten, Jagen und der Falknerei. Auch den Künsten gegenüber waren beide überaus aufgeschlossen. Namhafte Künstler aller Gattungen konnten sich sicher sein, an ihrem Hof Gehör und reges Interesse zu finden. Ihre jeweilige Muttersprache lernten sie im täglichen Umgang voneinander.[94]

Maximilian konnte Französisch und Flämisch in verhältnismäßig kurzer Zeit recht flüssig sprechen und nahezu ebenso schreiben. Er war, wie seine Briefe offensichtlich werden lassen, von dem erheirateten burgundischen Erbe geradezu überwältigt. Die Prachtentfaltung

---

91 Hollegger: Maximilian I., S. 28, S. 42
92 Ebd., S. 44
93 Brief Maximilians an Sigmund Prüschenk vom 8. Dezember 1477, zit. nach: Kraus (Hrsg.): Maximilians I. vertraulicher Briefwechsel, S. 27-28
94 Wie Anm. 91, S. 37-38

des burgundischen Hofes und seiner jeweiligen Zentren begeisterte den Habsburger. Große Städte, vergleichbar mit Wien, sowie unzählige Residenzen und Wasserschlösser scheinen immensen Eindruck auf ihn gemacht zu haben, wie er ebenfalls Prüschenk wissen ließ: „… es sein groß stett ob XX als Wien […] die jede nur ein tag reiß von der andern liegt […] XX großen geschlossen im wasser, als Laxenburg ist …"[95] Trotz all der höfischen Festlichkeiten und Zerstreuungen, war sich Maximilian der weiterhin bedrohlichen Lage voll bewußt und verlor seine herrscherlichen Pflichten nie aus den Augen.[96]

Zu einem unvermeidlichen Waffengang mit Frankreich kam es im Frühjahr 1478, als Ludwig XI. seine Armee gegen den Hennegau – einer Grafschaft im Besitz der Burgunderherzöge, die nominell zum Territorium des Heiligen Römischen Reiches gehörte – vorrücken ließ. Maximilian, den der französische König etwas abfällig „Herzog von Österreich" nannte, begab sich umgehend mit seinen Truppen vom Norden bis an die Südgrenze des Herzogtums, um das Land vor einem feindlichen Einfall zu schützen. Ludwig gelang es auch dieses Mal wieder, einen für ihn günstigen Waffenstillstand mit dem Habsburger auszuhandeln, ohne dabei die Existenz eines eigenständigen burgundischen Staates anzuerkennen. Auch dieser auf zunächst ein Jahr festgelegte Waffenstillstand vom 11. Juli 1478 sollte letztlich nicht mehr sein als eine Atempause.[97]

Wenig später, am 22. Juli 1478, wurde Maximilians und Marias erster Sohn geboren. Um an die burgundische Ahnenreihe anzuknüpfen und an eine Periode des Friedens und Wohlstandes Burgunds unter Philipp dem Guten zu erinnern, wurde das Kind – der spätere Philipp der Schöne – auf den Namen des Großvaters „Philippus" getauft. Zwei Jahre später, im Jahre 1480, sollte eine Tochter zur Welt kommen, die nach den drei bedeutenden Burgunderinnen den Namen Margarethe erhielt. Ein drittes Kind, Franz, benannt nach dem Herzog der Bretagne, starb bereits kurz nach der Geburt. Die burgundische Dynastie

---

95 Brief Maximilians an Sigmund Prüschenk vom 4. Februar 1478, zit. nach: Kraus (Hrsg.): Maximilians I. vertraulicher Briefwechsel, S. 32-33
96 Wiesflecker: Kaiser Maximilian I., Bd. 1, S. 139-140
97 Gesa Wilangowski: Frieden schreiben im Spätmittelalter. Vertragsdiplomatie zwischen Maximilian I., dem römisch-deutschen Reich und Frankreich, Berlin-Boston 2017, S. 24, S. 49

war somit zweifach für die Zukunft gesichert. Frankreichs Aussichten auf eine etwaige Erbfolge in Burgund schienen damit außer Reichweite gekommen zu sein.[98]

Der Waffenstillstand mit Ludwig XI. brachte letztlich keine grundlegenden Veränderungen mit sich, auch wenn der Kaiser Maria und Maximilian zwischenzeitlich mit Burgund, also der Gesamtheit der Länder einschließlich der französischen Kronlehen, belehnt hatte. Friedrich III. wollte damit ganz klar zum Ausdruck bringen, dass der König von Frankreich keinerlei Anspruch auf die Besitzungen des burgundischen Herzogpaares habe, da diese zu großen Teilen zum Lehensverband des Reiches gehörten. An den Grenzen Burgunds war es den ganzen Herbst und Winter über zu kleineren Kämpfen gekommen, die es notwendig machten, entsprechende Truppenkontingente dort zu stationieren. Im April 1479 eröffnete der französische König die Kriegshandlungen erneut mit einem Angriff an der Südgrenze der burgundischen Territorien, um sich endgültig der Freigrafschaft Burgund und der Picardie zu bemächtigen.[99] Maximilian gelang es in aller Eile, eine Armee von rund 20.000 Soldaten zusammenzustellen. Unter ihnen befanden sich neben burgundischer Reiterei, englischen Bogenschützen und flandrischen Fußsoldaten auch die ersten deutschen Landsknechte. Einige Monate später, am 7. August 1479, forderte der junge Erzherzog, mit Zustimmung der burgundischen Generalstände, die Franzosen nahe des Ortes Guinegate-Thérouanne im Artois bei strahlendem Sonnenschein zum Gefecht heraus. Maximilian befand sich während des gesamten Kampfes hoch zu Ross inmitten seiner Soldaten und hatte bei Einbruch der Dunkelheit die Schlacht für sich entschieden. Die französische Armee war freilich nicht vollständig vernichtet worden, doch erschien der siegreiche Feldherr Maximilian vielen Burgundern als ein durchaus würdiger Nachfolger ihrer großen Herzöge. An der südlichen Grenze nahmen die kriegerischen Auseinandersetzungen allerdings bis auf weiteres ihren Fortgang und so stellte sich ein bleibender militärischer Erfolg der Schlacht bei Guinegate-Thérouanne nicht ein.[100]

---

98 Hollegger: Maximilian I., S. 37-38
99 Ebd., S. 45
100 Ebd., S. 45-46

Der junge Habsburger hatte wohl erkannt, dass der Krieg trotz der momentanen Erfolge letztlich keinen anderen Lohn bot als „… stech und schleg, hunger und durst, angst, mühe und arbeit …"[101] Dieser sehr menschliche Tonfall trat nun in der Korrespondenz Maximilians mit seinem Vertrauten Prüschenk immer häufiger neben die ansonsten eher ritterlich-heldische Wortwahl. Inwieweit der neue Erbherzog auch die Not und das Elend der Bevölkerung in den heimgesuchten Gebieten wahrgenommen hat, die aufgrund der Kampfhandlungen allenthalben groß war, ist im Einzelnen nicht überliefert. Insbesondere die Bauern der Grenzregion schienen arg betroffen gewesen zu sein, da ihre Ernten aufgrund der fortlaufenden Kriegsereignisse stark in Mitleidenschaft gezogen wurden. Besonderen Unwillen erregte bei den Bauern freilich das Landesaufgebot, da dieses sie verpflichtete, Kriegsdienst zu leisten und sie die Erntemonate nicht auf ihren heimischen Äckern verbringen konnten.[102] Als Folge nahm die Notlage nicht nur auf dem Land, sondern bald auch in den Städten verheerende Ausmaße an. Maximilian sah sich innerhalb kurzer Zeit mit enormen Widerständen, ja sogar Anfeindungen seitens der großen flandrischen Städte Gent und Brügge konfrontiert. Im Zuge der allgemeinen Unzufriedenheit und der raschen Ausbreitung aufrührerischer Tendenzen, warf man dem Habsburger vor, er setze die Gewaltpolitik und das verschwenderische Gebaren Karls des Kühnen fort. Verglichen mit dem Aufwand der alten burgundischen Herzöge, nahm sich Maximilians Hofhaltung geradezu bescheiden aus. Andererseits lässt sich nicht bestreiten, dass der Habsburger Vertraute aus Österreich, die ihn an den burgundischen Hof begleitet hatten, offenkundig mit lukrativen Posten und Pensionen bedachte.[103]

Auch das Jahr 1480 setzte sich mit einer Reihe französischer Überfälle auf die Südgrenze des burgundischen Territoriums im Raum Namur und Luxemburg fort, die allesamt zurückgeschlagen werden konnten. Nur mit größter Mühe allerdings sollte es Maximilian gelingen, sich seiner Gegner im nördlichen Burgund – von Holland, Seeland über Utrecht bis Geldern – zu erwehren. Knapp entging er in je-

---

101 Brief Maximilians an Sigmund Prüschenk vom 26. September 1479, zit. nach: Kraus (Hrsg.): Maximilians I. vertraulicher Briefwechsel, S. 39
102 Fichtenau: Der junge Maximilian, S. 36-37
103 Ebd., S. 39

nen turbulenten Tagen einem Mordanschlag und trug seither zumeist ein Panzerhemd, das ihn vor Stichen, Hieben und Schüssen zu bewahren half. Das Leben inmitten von unbezahlten Landsknechten, Giftmischern und Mördern erwies sich als immens gefährlich.[104] Dem Bedrängten wurde auch dieses Mal seitens des Reiches keine militärische oder finanzielle Hilfe zuteil. Die Hausmachtpolitik der Habsburger war absolut nicht im Interesse der Reichsstände und primär der Kurfürsten. Wesentlich wichtiger als die Erbansprüche Maximilians erschien ihnen eine möglichst rasche Beilegung des Konflikts. Ein durch seine Schwiegermutter im Juli 1480 arrangiertes Freundschafts- beziehungsweise Kriegsbündnis mit England führte wiederum zum Abschluss eines neuen Waffenstillstandes mit Frankreich. Keine der Vertragsparteien war jedoch zu diesem Zeitpunkt an einem dauerhaften Frieden interessiert, da jede Seite ihre territorialen Ansprüche geschmälert sah und nicht bereit war, Kompromisse einzugehen. Maximilian hoffte insgeheim weiterhin, das gesamte burgundische Erbe zurückgewinnen zu können.[105]

Im Frühjahr des folgenden Jahres, im April 1481, konnte der Habsburger erneut sein Geschick als Feldherr unter Beweis stellen. Mit zwei Flottillen erschien Maximilian vor Dortrecht, Rotterdam und Leyden, um die sich erhebende Grafschaft Holland zu unterwerfen. In einer Reihe weitgehend erfolgreicher Feldzüge in Holland, aber auch in Geldern, gelang es ihm, seine Macht in diesen burgundischen Provinzen soweit zu konsolidieren, dass er in der alten Festungsstadt s'Hertogenbosch die Erbhuldigung empfangen konnte. Am 16. April jenen Jahres war es zudem geglückt, mit Unterstützung Englands ein enges Bündnis mit der Bretagne zu schließen. Für Maximilian schien dieses Jahr allem Anschein nach durchwegs erfolgreich zu verlaufen.[106] Hinzu kam, dass Ludwig XI. infolge eines Schlaganfalles seit Herbst 1481 gesundheitlich schwer angeschlagen war und dessen Ableben womöglich in Kürze bevorstand. Dies würde der burgundischen Politik in naher Zukunft, so die Hoffnung, völlig neue Perspektiven eröffnen. Man arbeitete nun mit Nachdruck an dem Vorhaben, nach dem Tod Ludwigs in Kooperation mit England das französische Königreich ein-

---

104 Wiesflecker: Kaiser Maximilian I., Bd. 1, S. 154-155
105 Wilangowski: Frieden schreiben im Spätmittelalter, S. 53-55
106 Wie Anm. 104, S. 158-159

zukreisen und endgültig zu bezwingen. Alle diese Pläne sollten sich innerhalb kurzer Zeit als nichtig erweisen, da der französische König wider Erwarten gesundete.[107]

Dank der Bündnisverträge mit England und der Bretagne sowie der Befriedung Hollands und Gelderns schien die Position Maximilians in Burgund im Frühjahr 1482 einigermaßen gefestigt, als den jungen Erzherzog mit dem plötzlichen Tod Marias infolge eines Reitunfalls am 27. März 1482 ein Schicksalsschlag von großer Tragweite traf, der zunächst alles in Frage zu stellen schien. Die Herzogin war nahe Brügge Anfang des Monats zur Reiherbeize ausgeritten, übersprang mit ihrem Pferd einen Graben und wurde, da wohl der Sattelgurt riss, gegen einen Baumstrunk geschleudert. Innerhalb von drei qualvollen Wochen erlag sie ihren schweren inneren Verletzungen.[108] Ihre beiden Kinder, Philipp und Margarethe, hatte sie testamentarisch zu ihren Universalerben bestimmt. Als deren Vormund setzte sie ihren Gemahl ein. Bis zur Volljährigkeit des Sohnes wurde Maximilian mit der Regentschaft Burgunds betraut. An ihrem Sterbebett verpflichtete sie die Ritter vom Orden des Goldenen Vlieses zur Einhaltung dieser testamentarischen Verfügung, was sich jedoch als vergeblich erweisen sollte. Mit einem aufwändigen Leichenzug – 15.000 Menschen aller Stände sollen ihr die letzte Ehre erwiesen haben – wurde die Erbin Burgunds zu Grabe getragen und im Chor der Liebfrauenkirche zu Brügge beigesetzt. Maximilian gedachte seiner Gemahlin, der „Königin von Feuereisen"[109], zeitlebens und liess in Dichtungen und Bildwerken die Erinnerung an sie wachhalten.[110]

Bald nach der Beisetzung ihrer Erbherzogin meldeten sich die Generalstände des Landes auf ihrer Zusammenkunft am 28. April 1482 in Gent zu Wort und forderten, nach formaler Anerkennung der nominellen Vormundschaft Maximilians, die freie Verfügung über ihren vierjährigen Erbprinzen Philipp sowie die Einrichtung eines Regentschaftsrates. Den Vater des Knaben drängten sie zu einem baldigen

---

107 Kendall: Ludwig XI., S. 410, S. 440-441
108 Hollegger: Maximilian I., S. 48
109 Diese Bezeichnung für Maria von Burgund in Maximilians autobiographischen Werk „Theuerdank" ist abgeleitet vom sogenannten Feuereisen, dem Schlagring des Goldenen Vlieses.
110 Wie Anm. 108, S

Friedensschluss mit Frankreich und legten ihm nahe, sich zeitnah in seine österreichischen Erblande zurückzuziehen. Maximilian musste sich eingestehen, in seiner Wahlheimat Burgund allenfalls geduldet, aber keineswegs anerkannt oder gar geachtet zu sein.[111]

Ludwig XI. ließ in dieser prekären Lage, ungeachtet des bestehenden Waffenstillstandes, umgehend seine Armee an den Grenzen aufmarschieren und schürte zugleich nach Kräften die aufkommenden Aufstände im Süden und Norden Burgunds gegen die Herrschaft Maximilians. Wie bereits im Jahre 1477 waren es die Genter, die den Widerstand anführten und um jeden Preis einen Frieden mit Frankreich herbeiführen wollten. Ihr wesentliches Ziel, das deckungsgleich mit dem der burgundischen Stände war, bestand darin, auf schnellstem Wege eine Heirat Margarethes, der zweijährigen Tochter Maximilians, mit dem zwölfjährigen französischen Dauphin Karl zu arrangieren, um mit Hilfe dieser dynastischen Verbindung zukünftig alle weiteren Kriegspläne des Habsburgers zu vereiteln und den Frieden dauerhaft zu sichern.[112]

Für einen Friedensschluss mit Frankreich waren die Genter ebenso wie die Generalstände allem Anschein nach sogar bereit, auf den burgundischen Gesamtstaat und die nördlichen Grenzregionen Artois, Picardie sowie weitere Gebiete zu verzichten. Ohne Maximilian in dieser Frage zu konsultieren, wurden auf einem im Mai 1482 eiligst einberufenen Ständetag in der flandrischen Stadt Aalst Friedens- und Heiratsverhandlungen mit Frankreich beschlossen, die in den Vertrag von Arras zwischen Ludwig XI. und Maximilian am 23. Dezember 1482 mündeten.[113] Mit diesem Vertragswerk bekam der französische König neben der kleinen Erzherzogin Margarethe, gleichsam als Mitgift, auch die wertvollsten Gebiete Südburgunds zugesprochen. Bereits im folgenden Jahr brachte man die Tochter Maximilians nach Frankreich und verlobte sie mit dem Dauphin. Philipp verblieb in der Vormundschaft der Generalstände und wurde fortan in Gent ganz in deren Sinne erzogen.[114]

---

111 Kamp: Burgund, S. 99
112 Wilangowski: Frieden schreiben im Spätmittelalter, S. 66-67
113 Ebd., S. 68, S. 71-72
114 Fichtenau: Der junge Maximilian, S. 40

Angesichts dieser verheerenden Situation und gewissermaßen als Reaktion auf die erlittene Niederlage im Vertrag von Arras ließ sich der Habsburger zu einem Vergeltungsschlag hinreißen, der eine Verschärfung der Lage nach sich ziehen sollte. Er erteilte den Befehl, seine Widersacher in den Städten Mecheln, Löwen, Antwerpen und Brüssel in Haft zu nehmen. Die Oberhäupter der Stände stellte man vor Gericht, wobei einige von ihnen – darunter der Bürgermeister von Antwerpen – enthauptet wurden. Daraufhin eskalierten die Aufstände im Laufe des Jahres 1483 erneut und man beschuldigte Maximilian, ungerechtfertigte sowie kostspielige Kriege zu führen.[115] Zudem wurde ihm vorgeworfen, seine Leute würden burgundisches Kapital in großen Mengen ins Heilige Römische Reich transferieren. Allenthalben – vor allem in den Regionen Holland, Seeland, Utrecht und Lüttich – entwickelten sich die Kämpfe zu bürgerkriegsähnlichen Zuständen. Innerhalb kürzester Zeit kam es zu Lande und zur See zu ausufernden Grausamkeiten zwischen den Aufständischen und den Anhängern Maximilians, bei denen Ernten vernichtet, Vieh geraubt sowie Bauern erschlagen wurden.[116] Anfang September 1483 gelang es dem Habsburger nach zweimonatiger Belagerung, die rebellische Stadt Utrecht einzunehmen. Sie musste Kriegskosten in Höhe von 40.000 Gulden zahlen und verlor alle bisherigen Sonderrechte. Bislang ungebrochen war der Widerstand der führenden flandrischen Städte Gent, Brügge und Ypern, die während der Sommermonate des Jahres 1484 mit unverhohlenen Kriegshandlungen gegen den Erzherzog hervortraten. Mit Hilfe einer List – Maximilian ließ als Nonnen und Mönche verkleidete Landsknechte auf einem Heuwagen in der ostflandrischen Stadt Dendermonde Zuflucht suchen und anschließend von ihnen die Tore öffnen – konnte er Ende November 1484 mit einigen hundert Reitern handstreichartig eine weitere Hochburg der Aufständischen ausschalten.[117]

Zu Anfang des Jahres 1485 eroberte der Habsburger Oudenaarde im Osten Flanderns und stoppte einen Vorstoss der Flamen gegen Brüssel, der Hauptstadt Brabants. Allgemeine Not sowie aktive Truppenwerbung

---

115 Matthias Pfaffenbichler: Maximilian und Burgund, in: Norbert Koppensteiner (Hrsg.): Der Aufstieg eines Kaisers: Von seiner Geburt bis zur Alleinherrschaft 1459-1493, Wien 2000, S. 55
116 Wiesflecker: Kaiser Maximilian I., Bd. 1, S. 167-168
117 Wie Anm. 115, S. 56-57

bescherten Maximilian die schlagkräftigste Armee, über die er in den burgundischen Erblanden je hatte verfügen können. Dies erleichterte ihm ein rasches und zielorientiertes Vorrücken kolossal. Seine vorangegangenen Kriegserfolge ermöglichten es dem Habsburger im Mai 1485 entschieden gegen Gent, die Keimzelle des Widerstandes, vorzugehen. Das vorrangige Ziel des Erzherzogs war die Befreiung seines Sohnes Philipp aus der Obhut der Stände und die Wiedererlangung der Vormundschaft.[118] Wiederum mit Hilfe einer List – Maximilian ließ Häuser, Gehöfte sowie Windmühlen vor den Toren Gents anzünden und konnte, verdeckt von dichtem Rauch, bis vor die Stadt ziehen – sollte es ihm gelingen, dieses Widerstandsnest zu bezwingen. Zwar vermochten die Bürger unter enormen Verlusten eine Einnahme ihrer Stadt abzuwehren, doch setzte sich nunmehr die friedenswillige Partei, bestehend aus Reedern sowie Kaufleuten, durch und nahm umgehend Verhandlungen mit Maximilian auf. Am 8. Juli 1485 schloss die vorrangig wirtschaftlich orientierte neue Stadtregierung Gents Frieden mit dem Erzherzog. Damit hatte er – zumindest vorläufig – einen Etappensieg davontragen können.[119] Beim Einzug in die befriedete Stadt marschierte Maximilian mit geschultertem Spieß an der Spitze seiner Landsknechte, um so dieser Truppengattung seine persönliche Anerkennung für ihr Engagement zuteilwerden zu lassen. Es war ihm gelungen, das mächtige Gent zu unterwerfen, die Vormundschaft über seinen Sohn Philipp zurückzugewinnen und als Regent Burgunds anerkannt zu werden.[120] Kurz zuvor hatte der Habsburger auch die Stadtoberen und die Kaufleute von Brügge unter Androhung von Repressalien – einem etwaigen Angriff auf die im Hafen liegenden Handelsschiffe – zum Einlenken zu bewegen vermocht. Nach einem eiligst herbeigeführten Friedensschluss war den Bürgern von Brügge nichts anderes übrig geblieben, als dem Erzherzog Ende Juni 1485 die Tore ihrer Stadt zu öffnen und ihm zu huldigen. Alle Rebellen wurden hart bestraft, ihre Anführer enthauptet.[121]

Einige Wochen vor dem siegreichen Einzug Maximilians in Gent, hatte der ungarische König, Matthias Corvinus, Anfang Juni Wien

---

118 Wie Anm. 115, S. 57
119 Blockmans: Maximilian und die burgundischen Niederlande, in: Schmidt-von Rhein (Hrsg.): Kaiser Maximilian I., S. 63
120 Wie Anm. 118
121 Kamp: Burgund, S. 99-100

besetzt. Kaiser Friedrich III. war daher gezwungen gewesen, seine Residenzstadt zu verlassen und zog seither auf der Suche nach Hilfe durch die Lande. Seine ganze Hoffnung, wie auch die der Reichsstände, konzentrierte sich in dieser verzweifelten Lage auf seinen Sohn, dessen Erfolge in aller Munde waren. Maximilian sagte, wohl etwas voreilig, dem in arge Bedrängnis geratenen Vater sowie den mit seiner Wahl zum römisch-deutschen König betrauten Reichsfürsten umgehende militärische Unterstützung zu.[122] Die österreichischen Erblande sollten nach den glanzvollen Wahl- und Krönungszeremonien im Februar beziehungsweise April 1486 in Frankfurt und Aachen – in der Pfalzkapelle Karls des Großen war Maximilian am 9. April nach alter Tradition gesalbt und gekrönt worden – vergeblich auf eine militärische Intervention des jungen Königs warten. Dieser hatte sich, zur Überraschung aller, im Mai wieder Richtung Westen gewandt und war kurzerhand in die noch längst nicht endgültig befriedeten burgundischen Länder zurückgekehrt. Der Kaiser konnte nunmehr aber zumindest von der Gewissheit ausgehen, seinem Haus die Nachfolge im Reich gesichert und etwaige Bestrebungen des Ungarnkönigs auf die Kaiserkrone endgültig vereitelt zu haben.[123] Nach Maximilians Überzeugung ging von Frankreich für die burgundischen Territorien auch weiterhin größte Gefahr aus, der auf schnellstem Wege energisch begegnet werden musste. Wohl um den Vater von der Notwendigkeit seines Vorhabens zu überzeugen, veranlasste er ihn, mit nach Burgund zu kommen, wo man Friedrich III. in Brüssel einen überaus ehrenvollen Empfang bereitete. Hier trat er gemeinsam mit seinem Sohn, dem römisch-deutschen König, öffentlich auf und ließ sich als Oberhaupt des Reiches feiern. Einen Feldzug gegen Ungarn plante Maximilian für die Zeit nach einer endgültigen Befriedung Burgunds.[124]

Der junge Monarch schien mit dieser Einschätzung der Lage durchaus richtig zu liegen, denn der Ungarnkönig beabsichtigte, im Verbund mit Frankreich und England, einen großangelegten Krieg gegen das Haus Habsburg zu beginnen, dessen Macht allseits als bedrohlich empfunden wurde. Um dieser Gefahr zu begegnen, erneuerte Ma-

---

122 Krieger: Die Habsburger im Mittelalter, S. 222
123 Jörg Rogge: Die deutschen Könige im Mittelalter. Wahl und Krönung, Darmstadt 2006, S. 87-89
124 Koller: Friedrich III., S. 214

ximilian das Bündnis mit der freien, von Frankreich unabhängigen, Bretagne und verbündete sich zudem mit den Kronvasallen des innerfranzösischen Widerstandes. Dieser Bund zwischen dem Habsburger, Herzog Ludwig von Orléans und König Johann III. von Navarra richtete sich gegen Anna von Beaujeu, die für ihren minderjährigen Bruder, Karl VIII. von Frankreich, seit dem Tod Ludwigs XI. im Jahre 1483 die Regentschaft führte.[125]

Wiederum folgten im Sommer 1487 neue Feldzüge gegen Frankreich, für deren Durchführung Maximilian auf die finanzielle und militärische Hilfe der Generalstände Burgunds dringend angewiesen war, da all sein „… ende und woelfaert daran cleft …"[126], wie er einem Schreiben an die Stadt Ypern eigenhändig beifügte. Dieser Umstand entfachte von neuem einen allgemeinen Unmut in der Bevölkerung. Bei Béthune, einer Kleinstadt südöstlich von Calais, erlitten Maximilians Truppen, 1300 Reiter und 1600 Infanteristen, im Juli 1487 eine empfindliche Niederlage gegen die Franzosen. Wesentliche Teile des mit den Habsburgern verbündeten burgundischen Hochadels gerieten hier in einen Hinterhalt und kamen ums Leben oder wurden in französische Gefangenschaft verschleppt.[127]

An vielen Orten Flanderns kam es unmittelbar nach dieser Wende des Krieges, die alle mühsam errungenen Erfolge wieder grundsätzlich in Frage zu stellen schien, zur Rebellion. Im Herbst jenen Jahres bemächtigten sich die niederen Stände in Brügge und Gent, überwiegend Zünfte, erneut der Stadtregierung, prangerten die Herrschaft der habsburgischen Beamten an und beschwerten sich über die hohe Steuerlast. Zudem blieb die Forderung nach einem Friedensschluss mit Frankreich weiterhin offen. Da die Regentin Anna den Genter Bürgern im Namen des französischen Königs die Stellung einer eigenständigen Stadtrepublik anbot, stellte sich die Stadt nur allzu gerne unter den Schutz Frankreichs. Ungeachtet der Ereignisse in Flandern berief Maximilian die Generalstände für das kommende Jahr nach Brügge ein,

---

125 Wiesflecker: Kaiser Maximilian I., Bd. 1, S. 200-201
126 Schreiben Maximilians an die Stadt Ypern vom 1. Februar 1487, zit. nach: Louis Prosper Gachard (Hrsg.): Lettres inédits de Maximilien, duc d'Autriche, roi des Romains et empereur, sur les affaires de Pays-Bas, Brüssel-Gent-Leipzig 1851-1852, Bd. 1, S. 30
127 Wie Anm. 125, S. 204-205

um von diesen – im Gegenzug für sein Zugeständnis bei der Bildung eines neuen ständisch kontrollierten Finanzrates im Dezember 1487 – Geld und Truppenhilfe für den Kampf gegen Frankreich zu erbitten. Als der Monarch Anfang des Jahres 1488 mit einem verhältnismäßig kleinen Teil seiner Truppen, rund 150 Landsknechten, vor den Toren Brügges erschien, verweigerte ihm die Bevölkerung der Stadt zunächst den Einzug. Die weitaus größere Zahl seiner Kontingente, 200 Reiter und 300 Landsknechte, hatte der Habsburger bereits Richtung Gent geschickt, um den dortigen Aufstand niederzuschlagen, nichts ahnend, dass ihn die bei weitem ernstere Bedrohung tatsächlich vor Ort in Brügge erwarten sollte.[128] Obgleich die Stimmung in der Stadt äußerst angespannt war, erschien Maximilian mit einem Teil seiner Knechte auf dem Marktplatz, ermahnte die Bürger zur Ruhe und versuchte, mit ihnen in Verhandlung zu treten. Dies scheiterte vollkommen, denn man schrie den Habsburger nieder und setzte ihn mit einigen wenigen Getreuen kurzerhand in dem als Granenburg bezeichneten Haus eines Gewürzhändlers am Grote Markt fest. Maximilian befand sich insgesamt fast 16 Wochen – vom 5. Februar bis 16. Mai 1488 – in Gefangenschaft der Stadt Brügge.[129]

In erster Linie forderte die Bürgerschaft Brügges vom König den seit langem ersehnten Frieden mit Frankreich, Verzicht auf dessen Regentschaft in Burgund zugunsten seines Sohnes Philipp und Bestrafung aller korrupten Beamten aus seinem Umfeld. Auf dem Hauptmarkt von Brügge errichteten die Rebellen Mitte Februar 1488, direkt unter den vergitterten Fenstern der Granenburg, eine Richtstätte, sodass der inhaftierte Maximilian gezwungen war, die Folterungen und Hinrichtungen einiger seiner Leute mitanzusehen. Insgesamt wurden zehn von ihnen enthauptet.[130] Auch einigen Landsknechten aus Maximilians Begleitung erging es kaum besser. Die aufgebrachte Menge trieb sie durch die Stadt und erschlug so manchen von ihnen wahllos. Trotz dieser prekären Lage blieb der Habsburger in all den Wochen seiner Gefangenschaft voll Mut und Hoffnung. Seine Bewacher erinnerte er immer wieder daran, welche gravierenden Folgen eine etwaige

---

128 Pfaffenbichler: Maximilian und Burgund, in: Koppensteiner (Hrsg.): Der Aufstieg eines Kaisers, S. 58
129 Ebd.
130 Wie Anm. 119

Gewaltanwendung gegen den römisch-deutschen König zur Folge haben würde oder welche Schritte gar eine mögliche Auslieferung seiner Person an Frankreich nach sich ziehen könnte. Das Haus Habsburg, so stellte er in den Raum, sei mächtig genug, jedwedes Vergehen gegen ihn unerbittlich zu bestrafen.[131] Zwischenzeitlich hatte sich massiver Widerstand gegen die Vorgänge in Brügge formiert und die Befreiung Maximilians war zur obersten Priorität erklärt worden. Die Stände jener burgundischen Provinzen, die dem Habsburger treu ergeben waren, versammelten sich in Mecheln, ersuchten Kaiser sowie Papst um Hilfe und sammelten sich zum Gegenangriff.[132]

Der Kaiser, den der Sohn in einem hinausgeschmuggelten Schreiben persönlich um Hilfe gebeten hatte, mobilisierte das Reich und sorgte für die Aufstellung von Truppenkontingenten; der Papst drohte der rebellischen Stadt Brügge, die es gewagt hatte, den römisch-deutschen König gefangen zu nehmen, mit dem Kirchenbann. Die Verbündeten Maximilians, die Könige von England, Portugal, Aragón und Kastilien, übermittelten den Rebellen ebenfalls die Androhung von Repressalien, sollte der Habsburger nicht umgehend freigelassen werden.[133] Ebenso große Loyalität gegenüber ihrem Regenten zeigten die führenden Handelsgesellschaften, die in Brügge, aber auch in Gent ansässig waren. Da ihnen die Lage allerdings zu unsicher geworden war, verließen die Gesellschaften ihre Standorte und begaben sich nach Antwerpen, wo sie sich, bis zur Besserung der Lage, vorübergehend niederließen. Der wirtschaftliche Nachteil, der daraus erwuchs, war für beide Städte enorm und verstärkte deren isolierte Lage ganz wesentlich. Dennoch sollte es auch nach Erscheinen des 73jährigen Kaisers an der Spitze eines Reichsheeres von 4000 Reitern und 11.000 Landsknechten vor den Toren Brügges Anfang Mai 1488 und den folgenden zähen Verhandlungen noch Tage dauern, bis sich die Rebellen zu einem Vergleich – dem Vertrag von Brügge – bewegen ließen und folglich den Monarchen freigaben.[134] Dieses Vertragswerk beinhaltete im Kern jedoch nichts anderes, als die Entmachtung Maximilians und die Wiederherstellung aller Freiheiten der nach Autonomie strebenden

---

131 Hollegger: Maximilian I., S. 55
132 Wie Anm. 128, S. 59
133 Wie Anm. 131, S. 56
134 Koller: Friedrich III., S. 221

Stände. Der Habsburger hatte in seiner mißlichen Lage keinen Handlungsspielraum und sah sich gezwungen, auf die Bedingungen einzugehen. Mit Unterzeichnung des Vertrages von Brügge am 12. Mai 1488 entsagte er der Regentschaft, versprach den Abzug seiner Truppen und versicherte, mit Frankreich Frieden zu schließen.[135] Maximilian, der am 16. Mai aus der Gefangenschaft freikam, wird insgeheim sicherlich geahnt haben, dass sich der überaus erregte Kaiser von einer Bestrafung der Verantwortlichen nicht würde abhalten lassen, da die Gefangennahme eines römisch-deutschen Königs als schwerwiegendes, unverzeihliches Majestätsverbrechen galt, das geahndet werden musste. Alle Aufständischen wurden geächtet und hatten mit den schärfsten Strafen zu rechnen, konnten sich aber größtenteils durch Flucht der Vollstreckung entziehen. Friedrich III. sah den Vertrag von Brügge als nicht bindend an und ein Fürstengericht in Löwen erklärte denn auch den Eid Maximilians für nichtig, da dieser unter Zwang erfolgt sowie darüber hinaus nicht mit Reichsrecht zu vereinbaren sei. Der Habsburger war mit diesem Akt zumindest formal wieder als rechtmäßiger Herr in den burgundischen Ländern anerkannt worden.[136]

Ohne tatsächlich etwas ausrichten zu können, zog das Reichsheer weiter gegen Gent, wo man die Keimzelle des Widerstandes gegen Maximilian vermutete. Aufgrund der starken Befestigungsanlagen der Stadt und wegen massiver Versorgungsschwierigkeiten musste die Belagerung nach vierzig Tagen Mitte Juli 1488 abgebrochen werden. Im Zuge der Kampfhandlungen wurden weite Teile des Umlandes verwüstet, Dörfer geplündert und niedergebrannt sowie Bauern erschlagen – ein offensichtlicher Bruch des Vertrages von Brügge. Es ist kaum verwunderlich, dass unter diesen Umständen nur noch wenige Städte – darunter Antwerpen sowie Mecheln – und Provinzen bereit waren, Maximilian als Regenten Burgunds die Treue zu halten. Binnen kurzer Zeit waren nahezu alle flandrischen Städte, Teile Brabants, Holland und Seeland von ihm abgefallen und befanden sich in den Händen von Rebellen.[137]

Ausgehend von Sluis, dem Seehafen von Brügge, formierten sich Land- und Seestreitkräfte der Rebellen, um gegen den unerwünschten

---

135 Krieger: Die Habsburger im Mittelalter, S. 224
136 Wie Anm. 134, S. 222
137 Ebd., S. 222-223

Regenten in den Krieg zu ziehen. Da Maximilian an der Südgrenze des burgundischen Territoriums, bei Lille, in Kämpfe mit den Franzosen gebunden war, gelang es aufständischen flandrischen Truppen im Verbund mit französischen Einheiten im Verlauf des Sommers 1488 weite Teile Flanderns zu besetzen und einen Angriff auf die noch nicht in Rebellenhand befindlichen Gebiete Brabants zu beginnen. Im September jenen Jahres zog die flandrische Rebellenarmee in Brüssel, der Hauptstadt Brabants, ein. Diese Erfolge der Rebellen zwangen den Habsburger zum Rückzug und gefährdeten alle seine bisherigen Gebietsgewinne.[138]

Als sich auch Amsterdam, Delft, Rotterdam und weitere holländische Städte der Rebellion anschlossen, begab Maximilian sich umgehend nach Norden, um die widerspenstigen Orte wieder unter seine Kontrolle zu bekommen, was ihm letztlich auch gelingen sollte. Auf der Überfahrt von Amsterdam nach Sperdamm geriet das Schiff des Habsburgers im Januar 1489 auf der Nordsee in einen schweren Sturm und es hätte wohl nicht viel gefehlt, dass es gekentert wäre. Er war überzeugt, dass er sein Leben einem puren Wunder zu verdanken habe. So stürmisch und bedrohlich dieses Jahr auch begonnen haben mag, sollte Maximilian 1489 letztlich mehrere durchschlagende Erfolge zu verbuchen haben.[139]

Durch ein neues Bündnis mit England, Aragón und Kastilien sowie der Bretagne, das sich zwischen Februar und Juni 1489 formierte, gelang es ihm, die militärische Lage bis auf weiteres zu sichern. Um auf dem Reichstag, der im Juni und Juli in Frankfurt tagte, weitere Kriegshilfen einzufordern, vertraute der König das Kommando über seine Truppen Herzog Albrecht von Sachsen an, den er als seinen Statthalter in Burgund eingesetzt hatte, und begab sich ins Reich. In Frankfurt bereitete man einen Präliminarfrieden – genaugenommen einen Waffenstillstand – mit Frankreich vor, der am 23. Juli 1489 tatsächlich zustande kommen sollte – den sogenannten Frankfurter Frieden. Ende Oktober jenen Jahres wurde Maximilian in einer Sondervereinbarung seitens der flandrischen Städte, im Frieden von Montils-les-Tours, die vormundschaftliche Regierung für seinen Sohn Philipp bis zu dessen

---

138 Pfaffenbichler: Maximilian und Burgund, in: Koppensteiner (Hrsg.): Der Aufstieg eines Kaisers, S. 60
139 Wiesflecker: Kaiser Maximilian I., Bd. 1, S. 222

Volljährigkeit offiziell zugestanden. Dies konnte die an diversen Orten in Flandern befindlichen Aufständischen letztlich aber nicht zur endgültigen Aufgabe ihres Widerstandes gegen die ihnen so verhasste „Fremdherrschaft" des Habsburgers bewegen.[140]

So führten die Rebellen den Krieg in Flandern, Brabant und Holland auch nach Ausscheiden Frankreichs noch vier weitere Jahre fort, bis sich endlich ein Erschöpfungsfriede einstellen sollte. Verwüstungen, Hungersnöte und Seuchen trugen ebenso wie allgemeine Kriegsmüdigkeit zur Beendigung dieses jahrelangen Konfliktes bei. Nicht unwesentlich war hierbei mit Sicherheit auch das harte, erbarmungslose Vorgehen Albrechts von Sachsen im Kriegsgebiet, um zu einem raschen Abschluss der Kampfhandlungen zu gelangen. Nach der endgültigen Unterwerfung Gents, der Hochburg des Widerstandes, sowie dem Fall von Sluis im Sommer und Herbst 1492 war der 15 Jahre andauernde Krieg um das burgundische Erbe in den nördlichen Landesteilen beendet.[141] Auch im Süden kam es nach dem Sieg des kaiserlichen Feldhauptmanns Friedrich Kappler über die Franzosen in der Schlacht bei Senlis am 17. Januar 1493 zu einer Einigung. Der Habsburger konnte hier den größten Teil der Freigrafschaft Burgund zurückgewinnen und handelte über seine Unterhändler Anfang März mit Karl VIII. von Frankreich zunächst einen viermonatigen Waffenstillstand aus, der als Vorbereitung des endgültigen Friedensschlusses gelten kann. Im Frieden von Senlis, den man am 23. Mai 1493 schloss, bekam Maximilian im Namen seines Sohnes Philipp, in Abänderung des Friedens von Arras aus dem Jahre 1482, die Freigrafschaft Burgund, die Grafschaften Flandern, Artois und Charolais sowie die Herrschaft Noyers zugesprochen – nicht jedoch das eigentliche Herzogtum Burgund, das unter französischer Lehenshoheit verbleiben sollte. Allen Widerständen zum Trotz war es Maximilian zumindest gelungen, einen nicht unbeträchtlichen Teil seines erheirateten Erbes für das Haus Habsburg gesichert zu haben.[142]

Die Lage, die sich nach dem Friedensschluss in den burgundischen Ländern bot, war infolge von Plünderungen, Brandschatzungen sowie der immensen Zahl von Toten überaus desolat. Der einst große Wohl-

---

140 Wie Anm. 138, S. 60-61
141 Hollegger: Maximilian I., S. 58-59
142 Wilangowski: Frieden schreiben im Spätmittelalter, S. 119-120, S. 137

stand der Städte war während der Kriegsjahre aufgezehrt worden. Manufakturen, wie der Handel allgemein, lagen, auch aufgrund des Währungsverfalls, vollkommen am Boden.[143]

---

[143] Blockmans: Maximilian und die burgundischen Niederlande, in: Schmidt-von Rhein (Hrsg.): Kaiser Maximilian I., S. 65-66

Rückkehr nach Österreich, Befreiung Wiens und Kampf gegen Ungarn

Maximilian verließ Burgund nach diesem jahrelangen Ringen um die Erbfolge als überaus erfahrener Feldherr. Seine Erlebnisse aus dem burgundischen Krieg verglich er zuweilen gerne mit dem Gallischen Krieg Caesars. Die Erfahrungen, die er in jenen Jahren sammeln konnte, sollten für das weitere Leben und Handeln des Habsburgers richtungsweisend sein. In Burgund hatten sich ihm völlig neue politische, gesellschaftliche und kulturelle Werte erschlossen. Alle weiteren Planungen Maximilians orientierten sich an der Weltanschauung und Lebenskultur, an den Verwaltungsreformen sowie am Militärwesen seiner zeitweiligen Wahlheimat.[144] Man kann wohl mutmaßen, dass sich sein hohes Bewußtsein für die Reichsidee, das sich an karolingischen und staufischen Vorbildern ausrichtete, ebenso in Burgund herausgebildet haben dürfte. Mit dem römisch-deutschen Königtum und mit der in Aussicht stehenden Kaiserkrone brachte der Habsburger den seiner Überzeugung nach göttlichen Auftrag zur Wiederherstellung des universalen Imperiums in Verbindung.[145]

Allerdings hätte der Gegensatz zwischen dem tatsächlichen Zustand des Reiches beziehungsweise der habsburgischen Erblande und den politischen Visionen des jungen Königs kaum größer sein können. Der alte Kaiser hatte im Verlauf des Jahres 1485 Wien, Niederösterreich, die Steiermark sowie weite Teile Kärntens an den ungarischen König Matthias Corvinus verloren, wobei dem Ungarn eine nicht unbeträchtliche Zahl der Bevölkerung durchaus gewogen war und sich freiwillig ergeben hatte. Im Verlauf dieser Auseinandersetzung, die manchem Zeitgenossen wohl eher wie ein lokal orientierter Zwist erschienen sein mag, hatte der Ungarnkönig stets betont, dass es ihm

---

144 Malte Prietzel: Das Heilige Römische Reich im Spätmittelalter, Darmstadt 2004, S. 142
145 Wiesflecker: Kaiser Maximilian I., Bd. 1, S. 246-247

nicht um einen Kampf gegen den Kaiser ginge, sondern ausschließlich um den Besitz Österreichs. Matthias sollte sich bis zu seinem Tod wenige Jahre später bevorzugt in Wien aufhalten. Friedrich III. fand mit 42 bepackten Wagen, dem Hausschatz, der Kanzlei und dem Archiv Zuflucht in Tirol. Der Vertriebene war fortan gezwungen, Begastung in Klöstern und Städten in Anspruch nehmen zu müssen. Von Innsbruck aus zog der Kaiser weiter ins Reich nach Frankfurt, um hier ab Februar 1486 die Königswahl seines Sohnes vorzubereiten. Friedrich schien zu jener Zeit derart bedürftig gewesen zu sein, dass er mit einem Ochsengespann die Lande durchquert haben soll.[146]

Auch in Tirol tat sich im Sommer 1487 ein massives Problem auf, das es schnellstmöglich zu lösen galt. Für das Erzhaus bestand hier die akute Gefahr, aufgrund des verantwortungslosen Handelns Erzherzog Sigmunds, eines Cousins Friedrichs III., Tirol und die Vorlande zu verlieren. Von ständiger Geldnot geplagt und von ruchlosen Ratgebern beeinflusst, schien Sigmund entschlossen, seine Territorien noch zu Lebzeiten zu veräußern, da er über keine legitimen Nachkommen verfügte. Die Zahl seiner unehelichen Kinder soll bei angeblich 40 gelegen haben.[147]

Herzog Albrecht IV. von Bayern-München bemühte sich darum, eben jene Länder – Tirol und die Vorlande – durch Ankauf in die Hände zu bekommen und so seinen Einfluss im Süden des Reiches maßgeblich zu erweitern. Der Kaiser fürchtete die Herausbildung einer bayerischen Großmacht an der Peripherie und infolge die Verdrängung seines Hauses aus dem Südosten des angestammten Territoriums. Der abtrünnige Erzherzog wurde zu Beginn des Jahres 1488 vom Kaiser kurzerhand gezwungen, diese Verpfändung der habsburgischen Lande zu widerrufen. Um seinem Vater in diesem Konflikt beizustehen, begab sich der junge König, dessen Kräfte zu jener Zeit bekanntlich vorrangig in Burgund gebunden waren, nach Innsbruck und verstand es, Erzherzog Sigmund gegen die Zahlung einer großzügigen Rente und das Zugeständnis, bis an sein Lebensende überall in Tirol fischen und jagen zu dürfen, zur Übergabe seiner Länder zu bewegen. Am 16. März 1490 trat Sigmund als Landesherr offiziell zurück und

---

146 Koller: Friedrich III., S. 214-216
147 Ebd., S. 219

Maximilian bekam, nach ausdrücklichem Verzicht seines Vaters, Tirol und die Vorlande als eigenständiger Landesfürst zugesprochen.[148] Die Einheit des habsburgischen Besitzes war damit sichergestellt. Fortan entwickelte sich Tirol zu einem wesentlichen Zentrum der politischen und militärischen Vorhaben Maximilians. Dieses Erbland bildete sowohl eine Verbindung von Innerösterreich in die Vorlande als auch eine Brücke über den Brenner nach Italien. Für den Habsburger war Tirol das Kernland des Reiches und Innsbruck betrachtete er als seine künftige Haupt- und Residenzstadt. Geradezu legendär war auch der Reichtum Tirols. Die Schwazer Silber- und Kupferbergwerke, wie auch das Haller Salz gaben Maximilian für seine diversen politischen und militärischen Unternehmungen den finanziellen Rückhalt. Auch menschlich brachte er diesem Erbland und seiner Bevölkerung zeitlebens überaus viel Zuneigung, ja Herzlichkeit, entgegen.[149]

Nachdem Tirol und die Vorlande erfolgreich für das Erzhaus gesichert waren, galt es nun die Ungarn aus Wien, Niederösterreich, der Steiermark und Kärnten zu vertreiben. Ein Reichsheer hatte bislang gegen Ungarn nichts bewirken können. Da erlag der ungarische König Matthias Corvinus Anfang April 1490 in der Wiener Burg, ohne einen legitimen männlichen Erben zu hinterlassen, völlig überraschend einem Schlaganfall. Dies sollte die Lage von Grund auf verändern.[150] Unmißverständlich hatte Maximilian unmittelbar nach dem Ableben des Ungarnkönigs gegenüber den ungarischen Ständen deutlich gemacht, dass er die anvisierte, und im Juli auch tatsächlich erfolgte, Wahl des gutmütigen, aber schwachen Wladislaw von Böhmen zum König nicht hinnehmen werde. Diese Provokation stellte für ihn einen eindeutigen Kriegsgrund dar. Innerhalb kürzester Zeit gelang es dem Habsburger ein Heer aus mehreren Tausend Landsknechten zusammenzustellen, wobei er zugleich von den Tirolern mit hohen Kriegsabgaben unterstützt wurde. Derart gestärkt konnte er im August 1490 die Ungarn zunächst aus den österreichischen Erblanden vertreiben wie

---

148 Krieger: Die Habsburger im Mittelalter, S. 225-226
149 Erich Egg: Die Erwerbung Tirols 1490, in: Koppensteiner (Hrsg.): Der Aufstieg eines Kaisers, S. 91, S. 94-96
150 Susanne Wolf: Probleme der Doppelregierung Kaiser Friedrichs III. und König Maximilians (1486-1493), in: Koppensteiner (Hrsg.): Der Aufstieg eines Kaisers, S. 75

auch Wien zurückerobern. Von Österreich aus stieß der Erzherzog dann ab Anfang Oktober zunächst bis weit in das Magyarenreich vor. Am 17. November 1490 vermochte er die alte ungarische Krönungsstadt Stuhlweißenburg zu nehmen. Seine Hoffnung, nun möglichst rasch bis nach Ofen (ungarisch Buda), der Haupt- und Residenzstadt, zu gelangen und ganz Ungarn zu erobern, erfüllte sich aber nicht.[151]

Fehlendes Soldgeld sowie ein plötzlicher Winter- und Kälteeinbruch, der den dringend benötigten Nachschub über die Donau verhinderte, zwangen den Habsburger vor den Toren Ofens kehrt zu machen und den Feldzug einzustellen. Die militärischen Kräfte Maximilians waren derart erschöpft, dass die Ungarn im folgenden Jahr einen Großteil der verlorenen ungarischen Gebiete wieder zurückerobern konnten. Wladislaw II. kam allerdings dem Habsburger entgegen, indem er mit ihm ohne Umschweife am 7. November 1491 den Preßburger Frieden schloss. Der Monarch garantierte dem Erzhaus hier das Erbrecht auf Ungarn, sollte er ohne männliche Nachkommen bleiben. Darüberhinaus sicherte er zu, sich ebenso in Böhmen für eine habsburgische Erbfolge einzusetzen. Neben einer hohen Kriegsentschädigung von 100.000 Gulden sowie westungarischen Grenzgebieten, darunter Eisenstadt, Forchtenstein und Güns, bekam Maximilian auch das Recht zugestanden, den Titel eines Königs von Ungarn führen zu dürfen. Die ungarische Ständeversammlung kam nicht umhin, diese Artikel des Friedensvertrages, wenn auch widerwillig, zu bestätigen.[152]

Nur wenige Tage später, am 15. November 1491, wurde, nach längerer Belagerung der bretonischen Haupstadt Rennes durch Karl VIII. von Frankreich, der französisch-bretonische Friedensvertrag geschlossen. Nahezu zeitgleich mit der ungarischen Frage schien damit ein neuer Konflikt mit Frankreich bevorzustehen, da Maximilian seit Dezember 1490 mit Herzogin Anne, der 13jährigen Erbin seines langjährigen Verbündeten Franz II. und nunmehrigen Regentin der Bretagne, durch Ferntrauung per procurationem vermählt war. Die Eheschließung in Abwesenheit war seinerzeit durch den treuen Gefolgsmann Maximilians, Wolfgang von Polheim, erfolgt. Karl sah in dieser Verbindung von Anfang an die Gefahr einer Umklammerung seines Königreiches im

---

151 Wie Anm. 150, S. 76
152 Hollegger: Maximilian I., S. 74-75

Westen und Osten durch die Habsburger.[153] Für den römisch-deutschen König war die eheliche Verbindung mit Anne freilich die beste Lösung zur Erhaltung der freien, von Frankreich unabhängigen, Bretagne. Da dem Habsburger zu jenem Zeitpunkt noch die Hände mit Beilegung der Querelen in Ungarn sowie in Teilen Burgunds gebunden waren und ihm der zwischen März und Juli 1491 in Nürnberg tagende Reichstag jede Unterstützung verweigerte, vermochte der Intrigen nicht abgeneigte französische König, Herzogin Anne zu überzeugen, dass die einzige Aussicht, ihr Land langfristig zu retten, in einem Bündnis mit Frankreich bestehe. Ohne Hoffnung auf Rettung und verlassen, willigte die Herzogin in einen Vergleich, schlussendlich sogar in eine Heirat mit Karl VIII. ein, wobei dessen bestehende Verlobung mit Erzherzogin Margarethe, der Tochter Maximilians, kurzerhand annulliert wurde. Die bretonische Frage war damit zugunsten Frankreichs entschieden.[154] Da die Ehe Annes mit Maximilian als noch nicht vollzogen galt, fand das Verlöbnis mit Karl noch vor Ort, in Rennes, statt. Nicht nur der Habsburger Hof, sondern ebenso weite Teile des übrigen Europa zeigten sich entsetzt über diese handstreichartige Aktion – den sogenannten „bretonischen Brautraub". Führende Vertreter der deutschen Fürsten sahen in diesem Affront allerdings eher einen dynastischen Zwist als eine Angelegenheit des Reiches. So waren letztlich nur wenige von ihnen dazu bereit, daraus den Grund für einen Reichskrieg gegen Frankreich abzuleiten. Papst Innozenz VIII., als oberste Instanz der Christenheit, schien von dieser anstehenden Vermählung Karls mit Anne zunächst nichts wissen zu wollen. Der päpstliche Dispens, der in erster Linie die Auflösung des Verlöbnisses zwischen Margarethe und Karl betraf, sollte fast noch ein Jahr lang auf sich warten lassen. Am Faktum der französisch-bretonischen Heirat vermochte auch diese offizielle Stellungnahme Roms, die allem Anschein nach die Eheschließung zwischen dem Habsburger und der Bretonin als nie bestehend ansah, nichts mehr zu ändern.[155]

---

153 Neithard Bulst: Karl VIII. (1483-1498), in: Joachim Ehlers, Heribert Müller, Bernd Schneidmüller (Hrsg.): Die französischen Könige des Mittelalters. Von Odo bis Karl VIII. 888-1498, München 2006, S. 336-337
154 Ebd., S. 337-338
155 Gregor M. Metzig: Kommunikation und Konfrontation. Diplomatie und Gesandtschaftswesen Kaiser Maximilians I. (1486-1519), Berlin-Boston 2016, S. 43

Um diese enorme Schande, die wohl, wie Maximilian meinte, noch keinem römisch-deutschen König widerfahren ist, reinwaschen zu können, war ein Rachefeldzug gegen den König von Frankreich unumgänglich. Da die Verbündeten Maximilians, England sowie die spanischen Königreiche einen Sonderfrieden mit Frankreich schlossen, sah sich der Habsburger genötigt, diesen Krieg nahezu ausschließlich mit seinen Tiroler Truppenverbänden zu führen. Seitens des Reiches blieb ihm zum wiederholten Mal jegliche Hilfe versagt. Einen militärischen Erfolg konnte der Monarch mit seinen Truppen, wie erwähnt, bei Senlis im Januar 1493 erringen. Da weitere Erfolge, wie Maximilian einsah, aber wohl kaum zu erzielen waren und der französische König ihm gegenüber nun durchaus seine Bereitschaft zum Frieden und zu Zugeständnissen signalisierte, konnte die bretonische Angelegenheit im Zuge des Friedensschlusses von Senlis im Mai 1493 zwischen beiden Monarchen schließlich beigelegt werden. Maximilians 13jährige Tochter Margarethe übergab man den Gesandten ihres Vaters am 12. Juni. Die unleidliche Vermählungsaffäre hatte damit ein Ende gefunden.[156]

---

156 Wie Anm. 153, S. 342

Nachfolge in den österreichischen Erblanden, Abwehr der Türken und Mailänder Heirat

Im August 1493 starb nach 53jähriger Herrschaft Kaiser Friedrich III. im 78. Lebensjahr, rund zwei Monate nach Amputation des altersbrandigen linken Beines, in der Burg zu Linz, auf die er sich in seinen letzten Lebensjahren ganz zurückgezogen hatte. Bereits seit Jahren hatte ihn ein Fußleiden geplagt, das ihn in zunehmendem Maße unbeweglich werden ließ. In einer Kammer der Linzer Burg soll er, so wurde behauptet, astrologischen und alchimistischen Beschäftigungen nachgegangen sein. Andere Beobachter wollten ihn gar beim Sammeln von Mausekot und Fliegen erblickt haben. Bis zuletzt behielt der alte Kaiser die Zügel der Macht fest in seinen Händen. Den Sohn hielt er immer wieder in der Zeit ihrer gemeinsamen Regierung von allzu eigenwilligen Vorhaben zurück und weigerte sich mitunter sogar, seinen Thronerben zu empfangen.[157] Aufgrund des in den letzten Jahren äußerst angespannten Verhältnisses zwischen Vater und Sohn, scheint sich Maximilians Trauer eher in Grenzen gehalten zu haben. Weitaus mehr beschäftigte ihn offenbar ein beinahe schon sagenumwobener, geheimer Schatz des Kaisers, von dem seit Jahren Gerüchte im Umlauf waren und von dem niemand zu wissen schien, wo dieser tatsächlich aufgefunden werden könnte. Rege Nachforschungen ergaben, dass ein Teil dieses Schatzes sich auf Schloss Strechau in der Steiermark, der andere sich im Mauerwerk einer Nürnberger Kirche befand. Allerdings handelte es sich hierbei nicht um größere Bargeldsummen, wie zunächst angenommen, sondern um den Hausschatz Friedrichs – in erster Linie Gegenstände höfischer Repräsentation, vorrangig Gold- und Silbergeschirr.[158]

---

157 Koller: Friedrich III., S. 232-234
158 Hollegger: Maximilian I., S. 80

Die feierliche Beisetzung des Vaters, aber auch dringend anstehende Verpflichtungen der Regierungsübernahme, hatte Maximilian zunächst zurückstellen müssen. Erst Anfang Dezember 1493 sollte in Wien die eigentliche Totenfeier für den Verstorbenen in Gegenwart des Königs, der Vertreter aller Erbländer sowie zahlreicher Gesandter der europäischen Mächte stattfinden, da ein starkes türkisches Heer im Laufe des Sommers in Kärnten, in der Steiermark, in Krain sowie Ungarn und Kroatien eingefallen war. Die dortige Bevölkerung hatte teils massiv unter den Repressalien der Angreifer zu leiden gehabt. Es war nicht nur alles Land verwüstet worden, sondern wohl auch eine nicht unbeträchtliche Zahl an Menschen und Vieh in Gefangenschaft der Osmanen geraten. Maximilians erste und dringlichste Aufgabe als neuer Landesfürst der betroffenen Gebiete bestand nun zweifellos darin, seinen bedrängten Untertanen schnellstmöglich zur Hilfe zu kommen. Mit einem eilig aufgestellten Söldnerheer begab er sich im Oktober 1493 an die Grenzen der Steiermark. Noch vor seinem Eintreffen am Kriegsschauplatz musste der Habsburger feststellen, dass die gegnerischen Formationen bereits abgezogen waren und sich auf dem Rückmarsch befanden. Er konnte sich lediglich darauf beschränken, die südöstlichen Grenzen mit etwa 6000 Mann zu sichern.[159]

Maximilian sah sich bald gezwungen, von weiteren militärischen Vorhaben im Osten Abstand zu nehmen, da der französische König nach dem Tod Ferdinands I. von Neapel, Ende Januar 1494, Ansprüche seines Hauses auf den neapolitanischen Thron geltend machte. Karl VIII. führte seine Anwartschaft auf René, den Bruder seiner Mutter und letzten Herrscher Neapels aus dem Haus Anjou, zurück. Bereits im Februar traf Karl erste Vorbereitungen für einen Feldzug gegen Neapel. Um seinen Anspruch öffentlichkeitswirksam zu untermauern, nahm er den Titel der Anjouherrscher „König von Neapel und Jerusalem" an. Der Beginn dieses Feldzuges sollte allerdings noch einige Monate auf sich warten lassen, denn erst Ende August machte sich der Franzosenkönig auf den beschwerlichen Weg über die Alpen nach Italien.[160] Zudem richtete Karl nach dem Tod des kränklichen, erst 25 Jahre alten, Gian Galeazzo Sforza im Oktober 1494, ebenfalls mit

---

159 Wie Anm. 158, S. 80, 82
160 Bulst: Karl VIII., in: Ehlers, Müller, Schneidmüller (Hrsg.): Die französischen Könige des Mittelalters, S. 343-344

einem dynastischen Anspruch seines Hauses begründet, auch gewisse Begehrlichkeiten auf dessen Herzogtum Mailand – ein Reichslehen. Maximilian war freilich nicht bereit, weite Teile Oberitaliens – das sogenannte Reichsitalien –, auf das er im Namen des Heiligen Römischen Reiches Anspruch erhob, den Franzosen zu überlassen und sah sich vor die Herausforderung militärischer Interventionen gestellt. Somit schien der erst im Vorjahr zwischen beiden Monarchen geschlossene Frieden von Senlis wieder gefährdet.[161]

Zur Sicherung Reichsitaliens sollte auch die bevorstehende, bereits im Juni 1493 schriftlich vereinbarte Heirat mit der Mailänderin Bianca Maria Sforza beitragen, die Maximilian noch zu Lebzeiten des Vaters – aber ohne dessen Wissen – mit dem späteren mailändischen Herzog, Ludovico Maria il Moro, dem Onkel Biancas, ausgehandelt hatte. Der Habsburger hegte die Hoffnung, mit Hilfe dieser Verbindung seine Stellung in Italien stärken zu können. Zudem wird ihn wohl der Reichtum der Sforza gelockt haben, den er sich für kommende, kriegerische Unternehmungen zu erschliessen gedachte.[162] Auch Ludovico, dem Maximilian noch vor Gian Galeazzos Ableben die Belehnung mit Mailand zugesagt hatte, versprach sich durchaus Vorteile aus diesem Bund – die Festigung seiner eigenen, keineswegs unangefochtenen Stellung und eventuell sogar die Königskrone für sein Herzogtum. Die Mailänder Heirat wurde am 30. November 1493 per Stellvertreter – Markgraf Christoph von Baden vertrat den Bräutigam vor Ort – im Namen Maximilians vorgenommen. Noch im Spätherbst jenes Jahres brachte man die 21jährige Braut, die mit ihrer eher kräftigen Nase und dem fliehendem Kinn sicherlich keine Schönheit war, samt ihrer Entourage und reichen Mitgift, rund 400.000 Gulden, über verschneite Bergpässe nach Innsbruck. Hier wartete sie rund drei Monate lang auf ihren Bräutigam, da der König sich zunächst noch dem Türkeneinfall in der Steiermark und der Neuordnung seiner niederösterreichischen Erbländer zu widmen hatte.[163]

Erst im März 1494 kehrte der von manchem Zeitgenossen bereits als Türkensieger gefeierte Habsburger in seine österreichischen Erblande

---

161 Wilangowski: Frieden schreiben im Spätmittelalter, S. 142
162 Sabine Weiss: Die vergessene Kaiserin. Bianca Maria Sforza. Kaiser Maximilians zweite Gemahlin, Innsbruck-Wien 2010, S. 53, S. 55-56
163 Ebd., S. 56, S. 60, S. 62

zurück. Im tirolerischen Hall begegnete er erstmals seiner Braut und beging anschließend mit einem „gemeinsamen Kirchgang unter der Krone"[164] in seiner Residenzstadt Innsbruck die Hochzeit in festlichem Rahmen. Schon bald zu Anfang dieser Ehe beklagte sich Maximilian über den nur mittelmäßigen Verstand Biancas, deren eher kränkliche Konstitution sowie ihren Hang zur Verschwendung. Da sie gern Süßigkeiten aß, nahm sie rasch zu. Aber auch ihre Einfältigkeit und nicht zuletzt die Tatsache, dass sie keine Kinder gebären konnte, trugen mit zur baldigen Entfremdung zwischen Maximilian und Bianca bei. Bereits vier Jahre nach der Eheschließung schien der König jegliches Interesse an ihr verloren zu haben und widmete sich fortan wohl nur noch seinen Geliebten, die ihm insgesamt mindestens elf Kinder gebären sollten. Bianca besaß zeitlebens nicht den geringsten politischen Einfluss und verdämmerte über die Jahre in zunehmender Bedeutungslosigkeit.[165]

Bald nach den Hochzeitsfeierlichkeiten in Innsbruck begab sich Maximilian auf Reisen, um an Fürsten und Städte im Reich die traditionellen Regalien zu verleihen. Mit Erneuerung der Privilegien, Rechte und Freiheiten sowie den damit verbundenen Steuern verfügte der König, neben den Mitgiftzahlungen aus Mailand, zunächst über ausreichend Kapital. Die Einhebung der Taxen und die Erneuerung der Privilegien sollte allein in den Orten Füssen und Kempten, wo der Habsburger sich im April und Mai 1494 aufhielt, bevor er in das Rheinland weiterzog, Wochen in Anspruch nehmen. Allerortens wurde Maximilian, zumeist unter Glockengeläut, ein feierlicher Empfang bereitet. Erstaunte Bürger konnten einen jovialen und leutseligen Monarchen sehen, der auf sie zuging und dem Bürgermeister ihrer Stadt die Hand reichte.[166]

Besonders große Sorgen bereitete dem König die Wiederherstellung des Landfriedens. Bereits zu Lebzeiten Kaiser Friedrichs war die Zahl der Fehden im Reich überdurchschnittlich hoch gewesen. So gab es etwa Streitigkeiten der Städte Nürnberg, Windsheim und Weißenburg im Nordgau (Bayern) mit dem Markgrafen von Brandenburg;

---

164 Aus dem Bericht der Frankfurter Gesandten, zit. nach: Johannes Janssen (Hrsg.): Frankfurts Reichscorrespondenz nebst andern verwandten Aktenstücken von 1376-1519, Freiburg im Breisgau 1872, Bd. 2, S. 579-580
165 Wie Anm. 162, S. 65-66, S. 71, S. 73
166 Wiesflecker: Kaiser Maximilian I., Bd. 1, S. 372

Auseinandersetzungen der Städte Köln und Worms mit ihren Bischöfen oder aber Zwist zwischen dem Pfalzgrafen bei Rhein sowie der Stadt und dem Stift Weißenburg im Elsass. Hinzu kamen diverse innerstädtische Reibereien, bei denen die alteingesessenen Familien ihre Stadtherrschaft gegen aufstrebende Handwerker und Zünfte zu verteidigen suchten. Zweifellos bot sich dem Monarchen hier eine der ersten Möglichkeiten nach Regierungsantritt, seine königliche Macht unter Beweis zu stellen.[167]

Im Sommer des Jahres 1494 reiste Maximilian mit seinem Tross weiter rheinabwärts Richtung Burgund. Hier trat ihm als erstes der Herzog von Geldern entgegen, dessen Herzogtum einst von Karl dem Kühnen dem burgundischen Länderkonglomerat eingegliedert worden war, aber unablässig seine Unabhängigkeit zurückforderte. Die Städte␣Gelderns versperrten dem Habsburger die Tore, so dass er gezwungen war, diesen Widerstand mit Waffengewalt zu brechen. Obgleich der König die großen Festungen nicht bezwingen konnte, vermochten seine Truppenverbände dem Herzogtum doch derart zuzusetzen, dass sich␣Gelderns Herzog, Karl von Egmond, im August 1494 zu einem Vergleich bereitfand. Man verständigte sich darauf, die Kurfürsten über diese Entscheidung in Kenntnis zu setzen. Von langer Dauer sollte diese Einigung jedoch nicht sein, da der junge Herzog die getroffenen Vereinbarungen brach, sobald die Truppen des Königs außer Sichtweite waren und die Auseinandersetzung begann von neuem.[168]

Ähnlich große Schwierigkeiten bereitete dem Habsburger Friesland. Doch hier gelang es ihm, zumindest eine formelle Anerkennung seiner Person und entsprechende Tributzahlungen durchzusetzen. Die erklärte Intention Maximilians zielte darauf ab, der Hoheit des Reiches auch im Norden wieder verstärkt Geltung zu verschaffen. Um diesem Ziel näherzukommen, gab der König Friesland vier Jahre später seinem treu ergebenen Vertrauten, Herzog Albrecht von Sachsen, als Reichslehen für dessen überaus große Verdienste im Burgundischen Erbfolgekrieg. Der Monarch war überzeugt, dass Albrecht, der bekannt war für sein nicht unumstrittenes Durchsetzungsvermögen, der schwierigen Lage vor Ort würde Herr werden können.[169]

---

167 Ebd., S. 373
168 Ebd., S. 378-379
169 Ebd., S. 381-382

Übergabe der Regierung in Burgund, Liga von Venedig und Reichstag zu Worms 1495

Nach seiner Ankunft in den burgundischen Ländern entließ Maximilian seinen Sohn Philipp, der zwischenzeitlich das 16. Lebensjahr erreicht hatte, auf ausdrücklichen Wunsch der Generalstände im September 1494 vorzeitig aus der Vormundschaft und übertrug ihm offiziell die Regierung in Burgund. Erbherzog Philipp zog nun von einer Stadt zur nächsten, um sich als neuem Herrn huldigen zu lassen. In Gent ließ er sich allerdings vertreten, da er seinen Missmut über das rebellische Verhalten der Stadt während des Erbfolgekrieges öffentlich kundtun wollte. Nach den langen Erbstreitigkeiten hatte sich der Separatismus in den burgundischen Territorien so weit abgeschwächt, dass fortan ein Mittelweg zwischen landesfürstlicher Herrschaft und ständischer Autonomie als durchaus miteinander vereinbar akzeptiert wurde.[170] Das vorrangige Ziel Maximilians nach Entlassung des Sohnes aus der Vormundschaft bestand vor allem darin, nicht alle seine Rechte einer Mitregentschaft an den burgundischen Rat zu verlieren. Um seinen Einfluss auf Burgund auch in Zukunft sicherstellen zu können, richtete der Habsburger eine Regiments- und Hofordnung ein, die klar auf die Struktur des burgundischen Gesamtstaates zugeschnitten war und, zumindest dem Anschein nach, in keinster Weise mit dessen Anspruch auf Eigenständigkeit kollidierte. Es sollte Maximilian jedoch nicht gelingen, die Finanzen der burgundischen Gebiete und Österreichs in der Hand eines verantwortlichen Generalschatzmeisters zu vereinen, um auf diese Weise frei über das Kapital der wohlhabenden burgundischen Länder verfügen zu können, die er wie ein weiteres Ensemble an Erblanden zu behandeln gedachte.[171]

---

170 Kamp: Burgund, S. 100-101
171 Wiesflecker: Kaiser Maximilian I., Bd. 1, S. 384

Schon bald zeigte sich, dass der burgundische Rat Philipp, dessen Verhältnis zum Vater nie sonderlich eng gewesen war, gänzlich beherrschte und für sich eingenommen hatte. Die jahrelange Beeinflussung des Sohnes durch die Stände, in deren Obhut er sich befand, trat nun offen zu Tage. Über jegliche Einmischungsversuche Maximilians setzte sich der selbsbewußte Rat in zunehmendem Maße hinweg. Seinen Beratern folgend suchte Philipp zudem einen dauerhaften Frieden mit Frankreich.[172]

Anfang September 1494 hatte Maximilian vom Einmarsch des französischen Königs in Italien erfahren und musste machtlos zusehen, wie die Franzosen innerhalb weniger Monate Neapel samt Unteritalien besetzten. Diese Invasion drohte das bestehende Mächtegleichgewicht in Europa umzuwerfen.[173]

Seit dem 14. Jahrhundert hatte die Reichshoheit in Italien zwar immer mehr an Bedeutung und Einfluss verloren, doch war der Habsburger nicht bereit, hier gänzlich auf einen Anspruch des Reiches zu verzichten. Im Wesentlichen hatte das geographisch nicht genau eingrenzbare „Königreich Italien" der lombardischen Könige im Hochmittelalter, als deren Nachfolger die Kaiser des Heiligen Römischen Reiches sich sahen, Ober- und Mittelitalien umfasst. Der Monarch beanspruchte die Lehenshoheit über diverse Fürstentümer und Stadtstaaten wie Mailand, Genua, Bologna, Florenz und Pisa – wobei manche Forderung als umstritten galt.[174]

Insbesondere Mailand stand im Widerstreit der Interessen, da ja auch Frankreich Ansprüche auf das Herzogtum anmeldete. An erster Stelle aber beanspruchte der französische König Neapel. Binnen weniger Monate war es Karl VIII. gelungen, die Apenninhalbinsel zu überrennen, im Februar 1495 als Sieger in Neapel einzuziehen und ganz Süditalien zu unterwerfen. Florenz, das zu jener Zeit ganz im Banne des Sittenpredigers Savonarola stand, hatte sich gleich nach Erscheinen Karls in Italien auf die Seite Frankreichs geschlagen. Die mittelitalienische Stadt, Residenz der Medici, wurde so für einige Zeit Hauptstütz-

---

172 Wie Anm. 170, S. 101-102
173 Bulst: Karl VIII., in: Ehlers, Müller, Schneidmüller (Hrsg.): Die französischen Könige des Mittelalters, S. 345
174 Joachim Whaley: Das Heilige Römische Reich Deutscher Nation und seine Territorien, Darmstadt 2014, Bd. 1, S. 100-102, S. 104

punkt der französischen Partei im Land. Über die bestehenden Reichsrechte in Florenz – ebenso wie in Pisa und Siena – setzte sich der französische König ohne weiteres hinweg.[175]

Maximilian fühlte sich durch den französischen Einfall in Italien herausgefordert und war nicht bereit, die Ereignisse widerstandslos hinzunehmen. Bis auf weiteres hielt er aber in Form unverbindlicher Verhandlungen die Verbindung zum König von Frankreich aufrecht, um den Abschluss der Liga von Venedig nicht zu gefährden. Am 31. März 1495, spät in der Nacht, wurde dieser auch Heilige Liga genannte Bund, initiiert durch Papst Alexander VI., im venezianischen Dogenpalast zwischen dem Apostolischen Stuhl, dem Heiligen Römischen Reich, den Königreichen Aragón und Kastilien, dem Herzogtum Mailand sowie der Republik Venedig geschlossen. Diese Vereinbarung war als Schutz- und Verteidigungsbündnis gegen das Hegemonialstreben Frankreichs gerichtet, mit dem vorrangigen Ziel, den französischen König aus Italien zu vertreiben. Offiziell war dieser Pakt, wie zumeist, als eine Allianz gegen das Osmanische Reich deklariert worden.[176]

Maximilian sah es als persönlichen Verhandlungserfolg an, dass alle Unterzeichner der Liga seinen noch ausstehenden traditionellen Romzug zu unterstützen versprachen. Als es tatsächlich soweit sein sollte, sah die Realität freilich anders aus. Für den Habsburger war die Liga von Venedig wohl auch deshalb von so großer Bedeutung, da er nicht auf die überaus reichlichen Einkünfte aus Reichsitalien verzichten wollte. Das Herzogtum Mailand für sich genommen, brachte ihm mehr Gelder ein, als das gesamte Reich an Steuern leisten konnte. Der Abschluss der Liga traf das in Neapel stehende französische Heer vollkommen überraschend.[177]

Nachdem aragonesische Heere in Unteritalien gelandet waren und die Venezianer die apulischen Küstenstädte besetzt hatten, sah sich der französische König gezwungen, einen raschen Rückzug einzuleiten. Karl konnte ungehindert über die Apenninenpässe nach Frankreich zurückkehren, denn Maximilian befand sich zu eben diesem Zeitpunkt, im Frühjahr 1495, auf dem soeben einberufenen Reichstag zu Worms.

---

175 Wie Anm. 173, S. 345-346
176 Metzig: Kommunikation und Konfrontation, S. 43-44
177 Hollegger: Maximilian I., S. 97-98

In jenen Wochen, die der römisch-deutsche König zwischen Ende März und Anfang August in Worms festsaß, hätte durchaus eine entscheidende Wende im Konflikt mit Frankreich in Italien herbeigeführt werden können. Die auf dem Reichstag versammelten Reichsstände waren jedoch, unter dem Vorwand, seit langem überfällige Reformfragen lösen zu wollen, nicht bereit, sofortige Hilfsgelder und ein entsprechendes Truppenaufgebot für den laufenden Feldzug in Italien zur Verfügung zu stellen. Den französischen König vermochten die Ligamächte alleine nicht aufzuhalten oder gar zu stellen. Karl VIII. und sein Heer waren durch diese fatale Entscheidung des Wormser Reichstages vor dem sicheren Untergang bewahrt worden.[178]

Obgleich aufgrund der Ereignisse in Italien unter immensen Druck, ging Maximilian mit viel Geduld und großem Verständnis auf die Anliegen der in Worms versammelten Fürsten ein. Den Reichsständen ging es in erster Linie jedoch um eine Stärkung ihrer eigenen Stellung innerhalb des Reiches. Um dies zu erreichen, beabsichtigten sie, ein sogenanntes Reichsregiment zu etablieren, also die reichsunmittelbaren Regierungsorgane unter ihren persönlichen, ständigen Einfluss zu bringen und das Reich in eine von Fürsten gelenkte Oligarchie zu verwandeln. Dies konnte nicht im Sinne des römisch-deutschen Königs sein, da die Stellung des Kaisers so auf eine rein repräsentative Funktion beschränkt worden wäre. Maximilian lehnte diesen Vorschlag, der auf eine Initiative des Mainzer Kurfürsten Berthold von Henneberg – einem der ärgsten Widersacher des Königs – zurückging, ab und drängte seinerseits vor allem auf Gewährung einer großzügigen Steuerhilfe, um ein entsprechendes Heer aufstellen zu können.[179] Das Entgegenkommen der Reichsstände ihm gegenüber sollte insgesamt äußerst gering bleiben. Trotz aller Gegensätzlichkeiten und Interessenskonflikte einigten sich König und Stände letztendlich in Grundzügen auf die Durchsetzung eines ewigen Landfriedens – also des unbefristeten Fehdeverbotes im gesamten Reichsgebiet –, die Etablierung des Reichskammergerichts als oberstes Organ der Rechtsprechung im Heiligen Römischen Reich, das fortan ein geregeltes Streitverfahren an die Stelle von Fehden setzte, und die Erhebung einer allgemeingültigen Steuer, des sogenannten Gemei-

---

178 Wie Anm. 177
179 Prietzel: Das Heilige Römische Reich, S. 143-144

nen Pfennigs.[180] Dieser (all-) gemeine Pfennig, der dem Kaiser die Mittel für die Kriege gegen Frankreich, gegen das Osmanische Reich sowie zum Unterhalt des Reichskammergerichts beschaffen sollte, war als Kopfsteuer konzipiert worden und wurde von allen Untertanen über 16 Jahren während der Gottesdienste in den Kirchen eingesammelt, da das Reich über keine eigene Einrichtung verfügte, diesen Obolus beim Volk einzutreiben. Trotz seiner Bewilligung auf dem Wormser Reichstag erwies sich der Gemeine Pfennig insgesamt als wenig hilfreich, da von dieser Einnahme bis auf weiteres nicht allzu viel in der Staatskasse einging. Die Mehrzahl der Reichsstände leiste die Zahlung nur widerstrebend, manche verweigerten sie sogar. Die Fürsten des Reiches wollten auf diese Weise wohl auch ihrem Widerstand gegenüber dem geplanten Italienzug Maximilians Ausdruck verleihen. Alles in allem konnte auf dem Reichstag zu Worms zumindest der Grundstein zu einer umfassenden Reichsreform gelegt werden.[181]

---

180 Peter Moraw: Der Reichstag zu Worms von 1495, in: Landesarchivverwaltung Rheinland-Pfalz (Hrsg.): 1495 – Kaiser, Reich, Reformen. Der Reichstag zu Worms, Koblenz 1995, S. 33-34
181 Dietmar Heil: Maximilian I. und das Reich, in: Schmidt-von Rhein (Hrsg.): Kaiser Maximilian I., S. 97-98

Italienzug, Reichstag von Lindau 1496/97 und Spanische Doppelhochzeit

Der Habsburger musste erkennen, dass er mit einer militärischen Unterstützung des Reiches wie auch steuerlichen Hilfen für den bevorstehenden Italienzug nicht zu rechnen brauchte. Vergeblich hatte er versucht, die Fürsten davon zu überzeugen, dass die Stellung des Kaisers und dessen Herrschaft über das christliche Abendland auf dem Besitz Italiens beruhten. Mochten die Reichsstände auch keinen Kriegsgrund gegen Frankreich sehen, so waren die Ligamächte, allen voran Mailand und Venedig, hingegen darum bemüht, den römisch-deutschen König mit diversen Versprechungen für einen baldigen Zug nach Italien zu gewinnen. Den Verbündeten Maximilians ging es vorrangig um die Vertreibung der Franzosen aus Italien. Ihm selbst war allem Anschein nach nichts dringlicher, als endlich die Reichsrechte in Italien wiederherzustellen und Frankreich vernichtend zu schlagen, um so seine lang ersehnte Universalherrschaft begründen zu können.[182]

In Worms hatten die Reichsstände „zur Rettung Italiens" zumindest eine bescheidene finanzielle Hilfe in Aussicht gestellt. So war es möglich, zunächst ein Truppenkontingent nach Mailand zu entsenden, um entsprechende Einsätze vor Ort, je nach Bedarf, dirigieren zu können. Ende Juli 1496 traf Maximilian mit dem Herzog von Mailand, dem päpstlichen Nuntius, den Gesandten Venedigs, der spanischen Königreiche sowie den Vertretern diverser italienischer Fürstentümer im oberen Vinschgau zusammen, um die Größe eines gemeinsamen Heeres zur Niederschlagung Frankreichs auszuhandeln. Man einigte sich schließlich auf eine Kriegsmacht von insgesamt 75.000 Kämpfern, die Frankreich von allen Seiten angreifen sollte. Dies war der sogenannte „große Plan" des Habsburgers, den seine Verbündeten so aber

---

182 Ebd., S. 98

nicht mittragen wollten.[183] Sie dachten eher an Hilfsmaßnahmen im Augenblick größter Bedrohung, wollten ansonsten aber das Mächtegleichgewicht in Europa gewahrt wissen. Eine starke Reichsherrschaft in Italien war genauso wenig in ihrem Sinne wie eine Hegemonie Frankreichs. Was Maximilian letztlich wirklich bewogen haben mag, trotz des eklatanten Mangels an Kapital und Truppen nach Italien zu ziehen, dürfte wohl in erster Linie jene alte, ehrwürdige Tradition des Romzuges und der Kaiserkrönung durch den Papst gewesen sein. Auch der Überfall des französischen Königs auf Italien wird ihn zu raschem Handeln bewegt haben. Zudem schien der Zeitpunkt überaus passend zu sein, da die Ligamächte dem Habsburger jene Hilfe in Aussicht stellten, die ihm die Reichsstände bisher verwehrt hatten. Als zusätzliche Geldquelle für den König erwies sich die notgedrungen in die Wege geleitete Verpfändung der Tiroler Silber- und Kupferminen an das Bankhaus der Fugger in Augsburg. Dennoch war seine finanzielle Lage derart beklemmend, dass er den Reisehofstaat seiner Gemahlin Bianca Maria nur mit Mühe bei diversen Wirten und Herbergen auslösen konnte.[184]

Maximilian wollte diesen Italienzug, in dessen Rahmen er letztlich auch die Kaiserkrönung durch den Papst in Rom zu erlangen hoffte, um jeden Preis wagen; er hatte die Gefahren des bevorstehenden Unternehmens ein ganzes Jahr lang abgewogen und war sich eines möglichen Scheiterns durchaus bewusst. Der Habsburger plante, von Genua aus mit italienischen Schiffen und Truppen nach Frankreich überzusetzen, in der Provence anzulanden und so das Zeichen zum Einfall zu geben. Truppen aus dem Reich, Italien, Aragón und Kastilien sowie Burgund sollten anschließend, so der Plan, auf Paris vorrücken. Maximilian hoffte, neben den Mitgliedstaaten der Liga letztlich ganz Europa mobilisieren zu können, um Frankreich ein wahres Fiasko zu bereiten.[185] Er hielt die Gesamtlage für so günstig, dass er das Abenteuer wagte und im August 1496 mit knapp 300 bewaffneten Reitern von Innsbruck aus über die Alpen nach Norditalien in die Lombardei zog. Auf anderen Wegen folgten ihm kleinere Verbände nach Italien. Kein Reichsfürst hatte sich jedoch bereit gefunden, ihn bei diesem Wagnis

---

183 Wiesflecker: Kaiser Maximilian I., Bd. 1, S. 397-398
184 Hollegger: Maximilian I., S. 98-99
185 Ebd., S. 100

zu begleiten. Sobald die Italiener der geringen Heeresmacht Maximilians gewahr wurden, hielten auch sie sich in zunehmendem Maße mit ihrem Engagement zurück. Zu allem Übel fielen auch die anderen Ligamächte peu á peu von ihm ab. Selbst mit Hilfe seines Sohnes Philipp vermochte der Habsburger Burgund nicht zum Kriegseintritt gegen Frankreich zu bewegen. Diese persönliche Intervention des Königs mit einem viel zu geringen Truppenaufgebot sollte im November 1496 mit einer herben Niederlage vor der toskanischen Hafenstadt Livorno enden.[186]

Trotz seines akuten Hilfegesuches an den ab August 1496 bis Februar 1497 in Lindau tagenden Reichstag ließ man Maximilian bei seinem Vormarsch in Italien und bei den folgenden Kämpfen gegen die französische Flotte vor Livorno im Oktober 1496 weder finanzielle Unterstützung, noch weitere Truppenkontingente zukommen. Der Vorwurf der Reichsstände lautete, Maximilian habe ohne Erlaubnis der Reichsfürsten den Italienzug eigenmächtig begonnen. Für die angedachte Kaiserkrönung in Rom wäre eine explizite Zustimmung der Reichsstände allerdings gar nicht von Nöten gewesen. In all diesen Ausflüchten offenbarte sich die Hinhaltetaktik der in Lindau tagenden Fürsten nur allzu deutlich. Auf dem Reichstag zu Worms war seinerzeit einstimmig eine Hilfe für den Zug des Habsburgers nach Italien beschlossen worden.[187]

Notgedrungen bediente sich Maximilian der Steuereinnahmen des Erzherzogtums Österreich, um so seinen begonnenen Feldzug fortsetzen zu können. Dies trug ihm eine Rüge der Reichsstände ein, da er, so lautete der Vorwurf, die Gelder nicht ordnungsgemäß an den Schatzmeister des Reiches abgeführt habe. Den gesamten Herbst hindurch verweigerten die Stände ihrem König beharrlich jegliche Unterstützung, brachten zudem keine nennenswerten Reformen auf den Weg und erreichten, was sie von Anfang an beabsichtigt hatten – den Abbruch des Italienzuges und die Rückkehr Maximilians.[188]

Die kontraproduktive Haltung des Lindauer Reichstages, die Unzuverlässigkeit der Ligamächte, die Gefahr französischer Landesun-

---

186 Metzig: Kommunikation und Konfrontation, S. 44
187 Alfred Kohler: Kaiser Maximilian I. und das Kaisertum, in: Schmidt-von Rhein (Hrsg.): Kaiser Maximilian I., S. 84-85
188 Whaley: Das Heilige Römische Reich, Bd. 1, S. 104-105

ternehmen in Italien sowie der einbrechende Winter zwangen den Habsburger schließlich dazu, das Unternehmen einzustellen. Bei Regen, Schnee und Eis begab sich Maximilian samt seines verbliebenen, geschwächten Heeres im Spätherbst 1496 über den ligurischen Apennin, das Wormser Joch und das obere Inntal zurück nach Innsbruck.[189]

Das Ansehen des Königs erlitt aufgrund dieses Rückzuges bei den italienischen Verbündeten immensen Prestigeverlust. Dennoch war Maximilian nicht willens, den Italienzug des Jahres 1496 als endgültige Niederlage anzusehen – eher als ein unglückliches Intermezzo. Die Wiederherstellung der Reichsrechte in Italien blieb auch weiterhin eines seiner vorrangigen Ziele. Trotz all seiner Versuche, den Ligavertrag neu zu fassen, war das Bündnis nur noch Makulatur und sollte sich in absehbarer Zeit – zur Jahreswende 1498/99 – letztlich selbst auflösen.[190]

Nach seiner Rückkehr ließ der König dem unnachgiebigen, noch bis Februar 1497 in Lindau tagenden, Reichstag die Botschaft überbringen, dass er keinesfalls aufgeben oder den eigenmächtigen Anordnungen der Stände Folge leisten werde. Er fürchte weder Ränkespiele noch den Teufel in der Hölle, gab Maximilian unmißverständlich zu verstehen. Die Fortführung der begonnenen Reichsreform sei, so der König, auch von einer soliden Reichssteuer abhängig, ohne die ein Monarch nicht regieren könne. Über die Vorwürfe des Habsburgers gaben sich die Stände zumindest nach außen hin bestürzt bis erschrocken und signalisierten ihm größeres Engagement bei der Eintreibung des Gemeinen Pfennigs. Letztlich aber galt das vorrangige Streben der Reichsfürsten auch weiterhin nichts geringerem als der uneingeschränkten Regierungsgewalt im Reich. Der Dissens zwischen dem Kaiser und den Reichsorganen war zu diesem Zeitpunkt kaum mehr zu übersehen.[191]

Aus dem Streit der europäischen Mächte um Italien war nach jahrelangen Verhandlungen, die Maximilian mit König Ferdinand von Aragón bedächtig und zunächst eher zurückhaltend geführt hatte, jene

---

189 Hermann Wiesflecker: Kaiser Maximilian I. Das Reich, Österreich und Europa an der Wende zur Neuzeit, Bd. 2: Reichsreform und Kaiserpolitik. 1493-1500. Entmachtung des Königs im Reich und in Europa, München 1975, S. 116-118
190 Ebd., S. 120-121, S. 123
191 Hollegger: Maximilian I., S. 85, S. 101

habsburgisch-spanische Doppelheirat zwischen Erzherzog Philipp und Infantin Juana sowie zwischen dem Infanten Juan und der Erzherzogin Margarethe am 5. November 1495 zustandegekommen. Diese dynastische Verbindung kann wohl als die folgenreichste der frühen Neuzeit gelten, da sie, verknüpft mit gegenseitigen Erbverträgen, die Vorherrschaft der Habsburger in weiten Teilen Europas begründete. Der gemeinsame Feind Frankreich hatte beide – Österreich und die spanischen Königreiche – in einer Koalition, die rund zwei Jahrhunderte bestehen sollte, vereint. Der Habsburger sah in dieser Heirat freilich auch eine Möglichkeit, seiner desolaten Finanzlage begegnen zu können.[192]

Aufgrund der Verzögerungen durch den Italienzug konnte Philipp erst im Herbst 1496 das Beilager mit Juana zu Lier, unweit Antwerpen, vollziehen, womit die bereits Anfang November 1495 per Ferntrauung geschlossene Ehe vollgültig und unauflöslich wurde. Tochter Margarethe sollte ihre Hochzeit erst im April 1497 zu Burgos in Kastilien feierlich begehen können. Die spanische Doppelhochzeit brachte Maximilian und seinem Haus letztlich einen weitaus größeren Erfolg ein als alle seine kriegerischen Unternehmen.[193]

---

192 Karl Vocelka: Die Europäisierung der habsburgischen Hausmachtpolitik, in: Klaus Herbers, Florian Schuller (Hrsg.): Europa im 15. Jahrhundert. Herbst des Mittelalters – Frühling der Neuzeit?, Regensburg 2012, S. 209-210
193 Wie Anm. 192

Reichstag zu Freiburg 1497/98 und Feldzug gegen Hochburgund

Aufgrund der mehr als schlechten Erfahrungen, die Maximilian mit den Reichsständen auf beiden vorangegangenen Reichstagen gemacht hatte, begegnete er den Versammelten auf dem Reichstag zu Freiburg, der vom 28. September 1497 bis zum 4. September 1498 tagte, unter Rügen und Drohungen, mit der entschiedenen Forderung, ihm endlich ohne Umschweife die beschlossene aber bis dato nicht ausbezahlte Reichshilfe – „die hulf der 150 000 gulden"[194] – zukommen zu lassen. Diese Gelder beabsichtigte der König für einen erneuten Feldzug gegen Frankreich einzusetzen.[195] Angesichts der kontraproduktiven Haltung der Reichsfürsten hatte Maximilian um die Jahreswende 1497/98 als oberste Regierungs- und Gerichtsbehörde seinen eigenen Reichshofrat eingerichtet, um auf diese Weise die Einflussnahme der Stände soweit wie möglich umgehen zu können. Dieser Hofrat sowie die ihm zugeordnete Hofkammer und Hofkanzlei sollten ihren Sitz fortan in Innsbruck haben. Aufgabe dieser neuen Einrichtung war sowohl die Bearbeitung von Angelegenheiten des Reiches als auch der österreichischen Erblande. Von der neuen Hofratsordnung, die ohne Zustimmung der Reichsstände eingeführt worden war, schien man auf dem Freiburger Reichstag anscheinend bereits noch vor Eintreffen Maximilians Kenntnis gehabt zu haben, denn die versammelten Fürsten reagierten, wenn auch zunächst noch zurückhaltend, erbost auf diese eigenmächtige Neuregelung. Die Stimmung auf diesem Reichstag schien

---

194 Aus dem Protokoll des brandenburgischen Gesandten auf dem Freiburger Reichstag vom 26. Juni 1498, zit. nach: Inge Wiesflecker-Friedhuber (Hrsg.): Quellen zur Geschichte Maximilians I. und seiner Zeit, Darmstadt 1996, S. 96

195 Dieter Mertens: „Uß notdurften der hl. cristenheit, reichs und sonderlich deutscher nation". Der Freiburger Reichstag in der Geschichte der Hof- und Reichstage des späten Mittelalters, in: Hans Schadek (Hrsg.): Der Kaiser in seiner Stadt. Maximilian I. und der Reichstag zu Freiburg 1498, Freiburg im Breisgau 1998, S. 33, S. 38

ohnehin eher gereizt gewesen zu sein. Alle Anwesenden machten dem König den ihrer Ansicht nach vollkommen mißglückten Feldzug in Italien zum Vorwurf, den sie als große Torheit bezeichneten, ihrerseits aber von Anfang an mit Erfolg behindert hatten.[196]

Beratungen über die Fortführung innerer Reformen kamen nicht zustande, da man in erster Linie über die Geldforderungen Maximilians debattierte. Nach zähen Verhandlungen erzwang der König immerhin die Auszahlung einer geringen Summe aus dem Gemeinen Pfennig. Von einem erneuten Feldzug gegen Frankreich erhoffte sich Maximilian die Rückeroberung ganz Burgunds, das er dauerhaft dem Einflussbereich seines Hauses unterstellen wollte.[197]

Mit rund 20.000 Mann stieß der Habsburger im Sommer 1498 kurzentschlossen gegen Hochburgund und die Champagne vor, wobei ihn der Mailänder Herzog, Ludovico Moro, finanziell ganz wesentlich unterstützte. Ein großangelegter Gegenschlag der Franzosen warf das Reichsheer allerdings bis an die Grenzen der im Besitz der Habsburger befindlichen Freigrafschaft Burgund zurück. Trotz eifriger Unterstützung der Reichsarmee durch die Elsässer war schon bald nicht mehr an eine Fortsetzung des Kampfes zu denken, da es an Geldmitteln fehlte, um den Truppen Sold auszubezahlen. Zudem forderte das immer schlechter werdende Wetter mit Beginn des Herbstes seinen Tribut und ließ nicht mehr auf mögliche Erfolge hoffen. Maximilian sah sich genötigt, einen Waffenstillstand mit Frankreich zu schliessen, der für die nächsten Jahre Bestand haben sollte. Einen Friedensschluss ohne Rückgabe ganz Burgunds lehnte er entschieden ab. Dessen ungeachtet hatte sein Sohn Philipp, Erbherzog der habsburgischen Teile Burgunds, bereits am 20. Juli 1498 – sehr zum Ärger des Vaters – einen Separatfrieden mit dem seit April jenen Jahres regierenden französischen König Ludwig XII. geschlossen.[198] Philipp handelte ganz im Sinne seiner burgundischen Räte, die auf einen friedlichen Ausgleich mit Frankreich bedacht waren. Ende Oktober 1498 traf Maximilian mit seinem Sohn in Brüssel zusammen, um ihm ins Gewissen zu reden und ihm vor allem das französische Bündnis auszureden. Philipp war indes nicht gewillt, von seiner französischen Sonderpolitik abzuweichen.

---

196 Wie Anm. 195, S. 40, S. 46
197 Ebd., S. 49-50
198 Hollegger: Maximilian I., S. 102, S. 104

Einzig erfreuliches Erlebnis für den König am Hof seines Sohnes in Brüssel dürfte die Geburt seiner Enkelin Eleonore gewesen sein. In melancholischen Stunden hatte Maximilian bereits das Aussterben seines Hauses befürchtet.[199]

Um die Kräfte des Habsburgers in Burgund zu binden und ihn bis auf weiteres – ungeachtet des bestehenden Waffenstillstandes – von Frankreich abzulenken, hatte Ludwig Truppeneinheiten nach Geldern entsandt, da er Karl von Egmond bei dessen Kampf um die Unabhängigkeit seines Herzogtums vom Reich zu unterstützen gedachte. Dieses Ablenkungsmanöver war tatsächlich erfolgreich, denn Maximilian zog noch im November 1498 von Brüssel nach Geldern, um dieses Herzogtum am Niederrhein, das sich stets gegen ihn aufgelehnt hatte, zu unterwerfen. Es gelang ihm zwar, in den Wintermonaten 1498/99 einige Städte und Festungen zu erobern, ein endgültiger Erfolg blieb ihm hier jedoch verwehrt, da sich der Monarch aufgrund des zwischenzeitlich ausgebrochenen Schweizer- und Schwabenkrieges gezwungen sah, den Feldzug abzubrechen sowie Geldern zu verlassen. Karl von Egmond konnte die verlorenen Gebiete mit französischer Waffenhilfe gänzlich zurückerobern.[200]

---

199 Heinz Noflatscher: Stereotype und Fremdbilder im politischen Verhalten Maximilians I.. in: Johannes Helmrath, Ursula Kocher, Andrea Sieber (Hrsg.): Maximilians Welt. Kaiser Maximilian I. im Spannungsfeld zwischen Innovation und Tradition, Göttingen 2018, S. 177, S. 180
200 Wie Anm. 198, S. 104-104

Schweizer- und Schwabenkrieg sowie Verlust Mailands

Als zu Beginn des Jahres 1499 bei Maximilian die ersten Meldungen vom Ausbruch eines militärischen Konfliktes der schweizerischen Eidgenossen mit dem Schwäbischen Bund – einem Zusammenschluss der schwäbischen Reichsstände und maßgeblichen Verbündeten des Habsburgers – eintrafen, begab sich der in höchstem Maße beunruhigte Monarch auf schnellstem Weg an die Schweizer Grenze. Die Eidgenossen, die bis dato den römisch-deutschen König formal auch als den ihrigen anerkannt beziehungsweise sich als Glieder des Heiligen Römischen Reiches gesehen hatten, waren ohne Zögern auf die Seite Frankreichs getreten, nachdem der französische König ihnen als Gegenleistung volle Unterstützung im Kampf gegen Maximilian und die mit ihm verbündeten Schwaben zugesichert hatte. Ihr Bündnis mit dem Herzog von Mailand, dem zugleich einzig verbliebenen Bundesgenossen des Habsburgers, gaben die Schweizer dafür ohne weiteres preis. Derart gewappnet waren sie guten Mutes, einen Waffengang gegen den römisch-deutschen König, das Reich sowie die ihnen verhassten Schwaben, Tiroler und Vorderösterreicher aufnehmen zu können.[201]

Den Eidgenossen widerstrebten die auf dem Reichstag zu Worms im Jahre 1495 vereinbarten Reichsreformen zutiefst. Sie sprachen sich gegen Neuerungen und vor allem gegen die allgemeine Steuer, den Gemeinen Pfennig, aus. Zudem stellte die Eingliederung der bis dahin unabhängigen freien Reichsstadt Konstanz in den Schwäbischen Bund im November 1498 für die Schweizer eine arge Provokation dar.[202]

---

201 Alois Niedrstätter: Der Schwaben- oder Schweizerkrieg. Die Ereignisse und ihre Bedeutung für Österreich-Habsburg, in: Peter Niederhäuser, Werner Fischer (Hrsg.): Vom „Freiheitskrieg" zum Geschichtsmythos. 500 Jahre Schweizer- oder Schwabenkrieg, Zürich 2000, S. 55-56
202 Bernhard Stettler: Reich und Eidgenossenschaft im 15. Jahrhundert, in: Niederhäuser, Fischer (Hrsg.): Vom „Freiheitskrieg" zum Geschichtsmythos, S. 18-20

Den eigentlichen Kriegsausbruch hatten letztlich Grenzstreitigkeiten zwischen dem seit 1497 formell der schweizerischen Eidgenossenschaft zugehörigen Graubünden, wo die Habsburger im Verlauf des 15. Jahrhunderts Besitz erworben hatten, und Tirol, das Mitglied des Schwäbischen Bundes war, im Januar 1499 ausgelöst. Hierbei ging es allerdings nicht nur um lokale Reibereien, die die habsburgische Präsenz vor Ort nach sich zog, sondern auch um politisch-strategische Interessen. Das vollständig im Gebiet der Alpen gelegene Graubünden besass für Maximilian eine ganz wesentliche verkehrstechnische Bedeutung – die Verbindung nach Mailand –, seinem wichtigsten Verbündeten gegen Frankreich. Die Eidgenossen beunruhigten aber nicht nur die Spannungen, die sich aus der Überschneidung gemeinsamer Interessensgebiete ergaben, sondern auch der erhebliche Machtzuwachs der Habsburger aufgrund des burgundischen Erbes.[203]

Seit jeher wehrten sich die eidgenössischen Bürger und Bauern vehement gegen jedwede Form von Einmischung in ihre inneren Angelegenheiten und Freiheiten oder gar machtpolitische Übergriffe. Maximilian hätte dieses tapfere Bergvolk, dessen Kriegstüchtigkeit er schätzte, nur allzu gerne enger an sich gebunden und ihre Unterstützung im Kriegsfall je nach Bedarf in Anspruch genommen. Seit den Burgunderkriegen, seit ihren großen Siegen bei Grandson (1474) und Murten (1476) galten die Schweizer als eine ernstzunehmende Kriegsmacht, die im Feld ohne weiteres neben den Großmächten Europas bestehen konnte und weit über ihre Grenzen hinaus geachtet und gefürchtet war.[204]

Auch aus politischer Hinsicht wäre dem Habsburger nichts lieber gewesen, als die Schweizer im Rahmen eines dauerhaften Bündnisses in den Reichsverband einzugliedern. Doch die Eidgenossen, die sich durchaus dem Heiligen Römischen Reich zugehörig fühlten, erinnerten sich nur allzu gut an Maximilians gewaltbereite Art während der Burgunderkriege und begegneten ihm von daher mit Mißtrauen. Als ihren Erzfeind betrachteten die Schweizer aber den Schwäbischen Bund, der bereits im Jahre 1488 unter tatkräftiger Mitwirkung Kaiser

---

203 Wie Anm. 201, S. 54
204 Hans-Joachim Schmidt: Kaiser Maximilian I. und die Schweizer. Vom regionalen Konflikt zum europäischen Mächtekampf, in: Schmidt-von Rhein (Hrsg.): Kaiser Maximilian I., S. 108

Friedrichs III. zur Wahrung des Landfriedens im Südwesten des Reiches gegründet worden war. Durch dieses Bündnis sahen die Eidgenossen ihre Freiheit massiv bedroht. Ein Schutz- und Trutzbündnis mit dem König von Frankreich bestand seit November 1495 und sicherte den Schweizern im Falle eines Krieges den entsprechenden Rückhalt zu.[205]

Nachdem sich Anfang Februar 1499 zwischen den Gegnern weitere Gewalttätigkeiten im Alpenrheintal ereignet hatten, wollten offenbar beide Parteien, sowohl der Schwäbische Bund wie auch der überwiegende Teil der Eidgenossen, die militärische Konfrontation und ließen entsprechende Truppenverbände an den Grenzen aufmarschieren.[206]

Westlich des Bodensees überschritten die Schweizer am 12. Februar den Rhein, stiessen alles verwüstend und brandschatzend in die schwäbischen Gebiete vor und eroberten nahezu die gesamten österreichischen Vorlande bis zum Arlberg. Zwischen Februar und April 1499 sollten die Eidgenossen in allen Kämpfen siegreich bleiben. Bei der Schlacht im Schwaderloh, einem Gebiet unweit von Konstanz, am 11. April 1499 erbeuteten sie von den Reichstruppen, die Maximilian noch von Geldern aus hatte in Marsch setzen lassen, den größten Teil der Artillerie. Im gleichen Monat gelang es den Schweizern bei Frastanz nahe Feldkirch im Vorarlberger Walgau, am Ausgang des Illtals, die zahlenmäßig überlegenen Schwaben und Tiroler zu schlagen, wobei sie etliche der feindlichen Soldaten in den Fluss Ill trieben, der zu diesem Zeitpunkt aufgrund der Schneeschmelze in den Bergen Hochwasser führte. Auf Seiten der österreichischen beziehungsweise königlichen Truppenverbände sollen mindestens 2000 Mann allein in dieser Schlacht gefallen sein.[207]

Die Reichsstände stellten dem Habsburger in diesem Konflikt nur in sehr geringem Umfang Truppenkontingente zur Verfügung und bewiesen damit ihrem König gegenüber zum wiederholten Male eine wenig hilfreiche, geradezu ablehnende Haltung. Seitens der schwäbischen Städte sah es nicht wesentlich besser aus, denn sie schickten zur Vertei-

---

205 Ebd., S. 109
206 Wie Anm. 201, S. 56-57
207 Niederstätter: Schwaben- oder Schweizerkrieg, in: Niederhäuser, Fischer (Hrsg.): Vom „Freiheitskrieg" zum Geschichtsmythos, S. 57, S. 61-62, S. 64-65

digung ausnahmslos schlecht ausgebildetes und ungeübtes Kriegsvolk, das den Schweizern von Anfang an bei weitem unterlegen war. Derart isoliert war man auf königlicher Seite schlichtweg nicht in der Lage, koordiniert und zielgerichtet zu handeln. Selbst die Maximilian treu ergebenen Tiroler nutzten diese Kampfhandlungen hauptsächlich zu ihren eigenen Gunsten und führten im unteren Engadin einen Raub- und Plünderungszug sondersgleichen.[208]

Der Habsburger, der Ende April 1499 die Führung seiner Truppen übernommen hatte, plante vom tirolerischen Vinschgau aus den entscheidenden Schlag gegen Graubünden zu führen, um so den Krieg möglichst rasch zu beenden. Da er aber nur über geringe Kontingente verfügte und auf Kapital sowie Verpflegungsnachschub angewiesen war – beides stellte ihm der Mailänder Ludovico Moro zur Verfügung –, war die Lage für den König von Anfang an eher desolat. Ludovico hoffte, dass Maximilian ihm für diese Hilfestellung gegen Frankreich würde beistehen können, das ohne Zweifel einen Überfall auf Mailand plante. Die Graubündner schienen die sich anbahnende Gefahr geahnt zu haben, denn noch ehe der Habsburger mit seinen Truppen vor Ort eintreffen konnte, überfielen sie am 22. Mai 1499 die Stellungen der Tiroler an der Calvener Schanze, einer Talenge, die das Münstertal vom Vinschgau trennt, und bereiteten den Tirolern die wohl schwerste Niederlage des gesamten Krieges.[209] Da sie die Truppen der Tiroler sowohl von vorne, als auch von hinten angegriffen hatten, war es ihnen gelungen, deren Verbände vollkommen aufzureiben. An die 4000 Bauern des Tiroler Landsturms sollen bei den Kampfhandlungen umgekommen sein. Die Ritter, die unweit des Geschehens zum Eingreifen bereit standen, hatten auf dem Höhepunkt des Kampfes die Flucht ergriffen und so den Landsturm der Vernichtung preisgegeben. Maximilian schien durch diese Niederlage schwer getroffen zu sein, zumal als er erfuhr, wie schändlich sich seine Reiter verhalten hatten. Der Wohlstand der umliegenden Täler war für mindestens eine Generation zugrunde gerichtet worden.[210]

Ein von Maximilian befohlener Gegenschlag ins Engadin blieb militärisch ohne jeglichen Nutzen, da die Kontingente der Bündner den

---

208 Wie Anm. 204, S. 110-111
209 Wie Anm. 207, S. 65-66
210 Ebd.

königlichen Verbänden auswichen. Die mangelnden finanziellen und personellen Ressourcen machten in Folge weitere Kämpfe am südlichen Kriegsschauplatz unmöglich. Zu allem Übel schlug dann im Juli auch der Vorstoß des Grafen Heinrich von Fürstenberg, Feldhauptmann der vorderösterreichischen Lande, gegen Solothurn, Bern und Freiburg im Üechtland, also im Schweizer Mittelland, zur Entlastung des Habsburgers fehl. In der Schlacht bei Dornach, unweit von Basel, fügten die Eidgenossen am 22. Juli dem dort eher sorglos lagernden Heer des Grafen empfindliche Verluste zu. 3.500 Mann sollen dort, inklusive Fürstenbergs, getötet worden sein. Artillerie, Kriegskasse und Wagenburg fielen in die Hände der siegreichen Schweizer. Die Hoffnung Maximilians, diesen Krieg erfolgreich beenden zu können, schien damit endgültig vereitelt worden zu sein.[211]

Um das Unglück noch zu vollenden, trafen bei Maximilian die verzweifelten Hilferufe Ludovico Moros ein, dass der französische König im Begriff sei, Mailand anzugreifen. Der Habsburger solle, so der Herzog, schnellstmöglich mit den Eidgenossen Frieden schließen und ihm zur Hilfe kommen. Schon bald darauf blieben die Mailänder Hilfsgelder aus und an eine Fortsetzung des Krieges mit den Schweizern war nicht mehr zu denken. Aber auch die Eidgenossen ließen dem König mitteilen, sie seien einem Waffenstillstand oder Frieden durchaus zugetan. Beide Seiten waren erschöpft und es bestand keine Aussicht mehr, eine endgültige militärische Entscheidung der Auseinandersetzung herbeizuführen. Maximilian schickte nun eine Friedensgesandtschaft nach Basel, zumal das Reich und der Schwäbische Bund bereits begonnen hatten, ihre Truppenkontingente abzuziehen. Ende August 1499 einigte man sich auf die Friedensartikel und am 22. September wurde, vor allem unter Vermittlung Mailands, zu Basel der endgültige Friede geschlossen. Im Kern hielt der Friedensvertrag am status quo, also an einer auch weiterhin nicht näher verpflichtenden Zugehörigkeit der Schweiz zum Verbund des Reiches, fest. Österreichs Herrschaftsrechte in Graubünden blieben bestehen. Alle Eroberungen während des Krieges waren gegenseitig zurückzuerstatten. Maximilian sah die Basler Artikel offenbar nur als Intermezzo an, doch letztlich sollte dieser Friede die Vorgaben für Jahrhunderte liefern. Das Haus

---

211 Wie Anm. 207, S. 67

Habsburg war fortan aus schweizerischem Gebiet, abgesehen von Besitzungen in Graubünden, endgültig verdrängt.[212]

In jenen Tagen, im Herbst des Jahres 1499, vollzog sich auch das Schicksal Ludovico Moros und seines Herzogtums Mailand, das der Habsburger stets als Bestandteil des deutschen Kaisertums betrachtet hatte. Der Herzog war samt seines Hausschatzes vor den Franzosen, die innerhalb kurzer Zeit ganz Mailand unterwarfen, an den Innsbrucker Hof geflohen. Ludovico gelang es zwar im Januar des folgenden Jahres mit in aller Eile angeworbenen 12.000 Mann die Hauptstadt seines Herzogtums vorübergehend zu besetzen, doch letztlich verlor er sein Land an Frankreich. Maximilian konnte ihn bei seinem Abwehrkampf nur mit bescheidenen Mitteln unterstützen. Eine etwaige Hilfe des Reiches ließ sich nicht vermitteln, da die Reichsstände dies zu umgehen wussten, indem sie die Eröffnung eines beschlussfähigen Reichstages so lange hinauszögerten, bis jede Hilfe für den Bedrängten zu spät kam.[213]

---

212 Wie Anm. 207, S. 68-69
213 Schmidt: Maximilian I. und die Schweizer, in: Schmidt-von Rhein (Hrsg.): Kaiser Maximilian I., S. 112-113

Augsburger Reichstag des Jahres 1500, Entmachtung im Reich, Türken- und Ungarnfrage

Am 10. April des Jahres 1500, dem Tag der Eröffnung des Augsburger Reichstages, wurde der Mailänder Herzog in französische Gefangenschaft abgeführt. Das alte Reichslehen Mailand ging bis auf weiteres an Frankreich. Es sollte Maximilian nicht gelingen, eine Freilassung Ludovicos zu erreichen und so starb dieser 1508 in französischer Gefangenschaft. Der Verlust Mailands war für den Habsburger auch deshalb ein so schwerer Schlag, da ihm der Herzog als Finanzier seiner kriegerischen Unternehmungen unersetzlich war. Als im Mai 1500 die Verhandlungen des Reichstages begannen, ging der Erzkanzler und Kurfürst von Mainz, Berthold von Henneberg, am Rande wohl auch auf den Verlust der Reichsrechte in Italien ein. Tatsächlich aber hatte er, wie der Verlauf des Reichstages zeigen sollte, vorrangig die Etablierung eines kurfürstlich dominierten Reichsregiments im Sinn, das den König weitgehend entmachten und die Reichsstände entsprechend stärken würde.[214]

Italien oder Mailand spielten im Machtkalkül der Stände nicht die geringste Rolle. Maximilian ließ sich in seinem Streben nach finanziellen Mitteln auch dieses Mal nicht beirren und brachte auf dem Reichstag den Vorschlag einer Verbesserung der Steuerordnung vor, da der Gemeine Pfennig bis dato nahezu wirkungslos geblieben war. Ohne Überlassung des Reichsregiments würde es, so die Bedingung der Stände, keine verbesserte Steuerordnung geben. Die Fürsten schienen vorrangig darauf bedacht zu sein, die Zwangslage des Königs auszunutzen und ihm auch den Rest seiner Herrschaftsrechte zu nehmen. Konsequent wurde Maximilians Einfluss zurückgedrängt und es blieb ihm letztlich nichts anderes übrig, als nahezu alle Königsrechte, zu-

---

[214] Heil: Maximilian I. und das Reich, in: Schmidt-von Rhein (Hrsg.): Kaiser Maximilian I., S. 98-99

mindest vorübergehend, an die Reichsfürsten abzutreten, wollte er nicht für alle Zeiten auf eine Kriegssteuer und auf die Aufstellung eines Reichsheeres verzichten. Obgleich zwar auf dem Augsburger Reichstag beschlossen, wurde ein solches Heer in der Folgezeit nie aufgestellt. Die Landsknechte, die dem Habsburger manches Mal treu gedient hatten, sahen sich fortan gezwungen, ihren Sold unter französischen Fahnen zu verdienen.[215]

Am 2. Juli 1500 wurde vom Reichstag die neue Regiments- und Steuerordnung verkündet, die die bestehende Reichsverfassung von Grund auf veränderte. Als Gegenleistung für die Übertragung nahezu aller Hoheitsrechte an die Stände, stellte man dem König eine Steuerhilfe in Aussicht. Die Verteidigung Reichsitaliens und Mailands, worauf es Maximilian eigentlich ankam, fand keine weitere Beachtung mehr. Die Kurfürsten und Fürsten verließen den Augsburger Reichstag als Gewinner. Ihnen war es, wenn zwar auch nur für knapp zwei Jahre, bis März 1502, gelungen, die inneren Angelegenheiten des Reiches maßgeblich bestimmen sowie beeinflussen zu können. Auf Dauer sollte sich ein ständisch-zentralistisch angelegtes Reichsregiment allerdings nicht etablieren lassen, denn die Autorität des Königs beziehungsweise Kaisers blieb auch weiterhin unantastbar.[216]

Etwa zur selben Zeit, im Sommer des Jahres 1500, wurden Maximilians bislang eher vage Erbhoffnungen auf Ungarn durch die Anbahnung einer Heirat des bisher kinderlosen ungarischen Königs Wladislaw II. mit der französischen Prinzessin Anne de Foix-Candale, die schließlich im September 1502 auch zustande kam, grundsätzlich in Frage gestellt. Der König von Frankreich beabsichtigte, dem habsburgisch-spanischen Heiratsbündnis mit einem wirksamen französischen Gegenbund im Osten zu begegnen und förderte dieses Vorhaben unablässig, zumal es sich bei der zukünftigen Braut um eine Cousine seiner Gemahlin, Anne de Bretagne, handelte. Im östlichen Europa gelang es Ludwig XII. zudem am 14. Juli 1500 mit Polen, Litauen und auch Ungarn, die sich allesamt völlig schutzlos einer möglichen Attacke seitens des Osmanischen Reiches ausgesetzt sahen, eine Liga zur Abwehr der Türken auf den Weg zu bringen. Die allgemein vorherr-

---

215 Wie Anm. 214, S. 99
216 Ebd.

schende Kreuzzugsstimmung jener Zeit kam ihm hier zweifellos sehr entgegen.[217]

Das Osmanische Reich war in der Tat eine ernstzunehmende Großmacht, die sich in ausgezeichneter Kriegsverfassung befand und über stehende Elitetruppen, die Janitscharen, verfügte. Vor diesem Hintergrund wird das Bedauern des Habsburgers umso verständlicher, das Magyarenreich nicht durch Erbschaft baldmöglichst mit seinem Haus vereinigen zu können, um im Notfall über einen Aufmarschraum gegen die Gefahr aus dem Osten zu verfügen. Ungarn wurde seit jeher als Bollwerk der Christenheit gegen die Türken angesehen. Gerade an den Grenzen der österreichischen Erbländer empfand man die Bedrohung freilich als weitaus gravierender, denn im Inneren des Reiches. Seit Generationen rief man sich Abend für Abend beim Schlag der „Türkenglocke" diese Gefahr ins Gedächtnis. Man war sich der Tatsache absolut bewußt, dass die Osmanen die Eroberung Ungarns wie auch Italiens planten.[218]

Als erstes sollte, so plante das osmanische Sultanat in Konstantinopel, der „rote Apfel", also Rom, der Sitz des Papstes, fallen. Sobald dieses Ziel erreicht worden wäre, sollten Ofen – der Sitz des Königs von Ungarn – und Wien – die Hauptstadt des Kaisers – folgen. Die Türkenfrage sah Maximilian, trotz seiner vorrangigen Orientierung nach Westen, als eine Hauptaufgabe seiner Herrschaft an. Mit Hilfe eines zukünftigen Kreuzzuges plante der Habsburger den Islam aus Europa zu vertreiben. Als oberster Herrscher der christlichen Welt sah er sich mit einem solchen Vorhaben persönlich in die Pflicht genommen, zumal während des Sommers 1500 venezianische Kolonien, die Insel Korfu sowie die beiden befestigten Kastelle Koron und Modon auf dem Peloponnes, in türkische Hand gefallen waren und damit die Brisanz der drohenden Gefahr vor aller Augen sichtbar wurde.[219]

Die Bilanz gegen Ende des Jahres 1500 fiel für Maximilian eher ernüchternd aus. Die Gefahr eines französisch-ungarischen Bündnisses, wie es bereits zu Zeiten des Ungarnkönigs Matthias Corvinus bestanden hatte, stand nunmehr wieder im Raum. Maximilian musste die

---

217 Wiesflecker: Kaiser Maximilian I., Bd. 2, S. 163, S. 167-168
218 Mustafa Soykut: Mutual Perceptions of Europe and the Ottoman Empire, in: Helmrath, Kocher, Sieber (Hrsg.): Maximilians Welt, S. 141, S. 145-146
219 Ebd., S. 147-148

ungarisch-französische Heirat als Einkreisung seiner österreichischen Erbländer empfinden und schilderte seinen Landständen die Gefahren, die er aufgrund der politischen Konstellation heraufziehen sah, in durchwegs düsteren Farben. Nach der Verdrängung aus Reichsitalien schien dem Habsburger sogar der Verlust der Kaiserkrone möglich und er befürchtete, durch Ungarn und Franzosen aus seinen österreichischen Erblanden vertrieben zu werden. Vollkommen unbegründet schien diese Angst in der Tat nicht zu sein, da es noch nicht allzu lange her war, dass sich der vormalige Ungarnkönig Matthias Corvinus in Wien niedergelassen hatte. Hinzu kamen die militärischen und politischen Niederlagen der jüngeren Vergangenheit – etwa der unglückliche Ausgang des Schweizerkrieges, der Verlust des Mailänder Verbündeten sowie die Entmachtung auf dem Augsburger Reichstag – die ihn letztlich erkennen ließen, dass nur eine Änderung seiner außenpolitischen Strategie ihn aus dieser Ohnmacht würde herausführen können.[220]

---

220 Wiesflecker: Kaiser Maximilian I., Bd. 2, S. 416-417

Außenpolitischer Systemwechsel – Ausgleich mit Frankreich

Maximilian kam nicht umhin einzusehen, dass Mailand kurzfristig wohl kaum zurückerobert werden könnte und sich seine anvisierte Vorherrschaft in Europa mit Waffengewalt nicht würde erringen lassen. Allenfalls mit Hilfe kluger Diplomatie, weitsichtiger Koalitionen und langfristiger Heiratsbündnisse schien sich ein Wandel herbeiführen zu lassen. Die politische Situation lief unvermindert auf einen Zweikampf der Häuser Habsburg und Valois hinaus. Inwieweit Maximilian, der sich ausschließlich auf seine Hausmacht stützen konnte, in einem Duell mit dem französischen König würde bestehen können, bliebe noch abzuwarten. Der Habsburger erkannte nur allzu deutlich, dass ein Ausgleich mit Frankreich letzten Endes die einzige Lösung wäre, wenn er sein politisches Gleichgewicht wiederfinden und sich unter den Mächten Europas behaupten wollte.[221] Ein Bündnis mit dem König von Frankreich sollte aber trotz mühevoller Verhandlungen vorerst noch nicht zustandekommen. Es blieb bis auf weiteres bei einem Waffenstillstand, dem der römisch-deutsche König im Jahre 1501 nur allzu gerne zustimmte und den keine Seite gefährden wollte. Zu groß war zudem das Mißtrauen Maximilians gegenüber Ludwig.[222]

Für einen Bündnis- und Friedensvertrag mit dem Habsburger forderte der Franzose die Belehnung mit Mailand und damit die Anerkennung seiner italienischen Eroberungen, wozu der Habsburger sich nur schwerlich hätte bereitfinden können. Maximilian wusste nur allzu gut, dass Ludwig sich mit Mailand nicht begnügen würde, zumal der französische König sich bei all seinem Handeln der Unterstützung durch Papst Alexander VI. sicher sein konnte, der eindeutig auf Seiten Frankreichs stand. Als der Borgia-Papst allerdings im August 1503

---

221 Metzig: Kommunikation und Konfrontation, S. 144
222 Wilangowski: Frieden schreiben im Spätmittelalter, S. 164-165

starb, trat eine völlig neue Situation ein. Mit der Wahl seines Nachfolgers, Pius III., eines Freundes und Unterstützers der Habsburger, am 1. November schien zugleich auch eine Kaiserkrönung Maximilians in Rom mit einem Mal aussichtsreicher zu werden, als all die Jahre zuvor. Papst Pius saß jedoch nur zehn Tage auf dem Stuhl Petri und zum neuen Stellvertreter Christi wählte man Kardinal Giuliano della Rovere als Julius II., der wiederum als großer Gönner Frankreichs galt. Zur allgemeinen Überraschung lud der neue Papst den römisch-deutschen König in die Ewige Stadt ein, da er die Romfahrt des Monarchen geradezu als kaiserliche Pflicht verstand.[223]

Auch in Italien hatte sich die Konstellation zwischenzeitlich vollkommen verändert. Frankreich und das mit ihm verbündete Aragón waren zur Jahresmitte 1502 über die Teilung Neapels, der gemeinsamen Kriegsbeute, in Streit geraten. Da die Franzosen, die mittlererweile auch ganz Mittelitalien als ihren Einflussbereich ansahen, eindeutig im militärischen Vorteil waren, wandte sich Ferdinand von Aragón hilfesuchend an Maximilian. Gebunden durch das Reichsregiment vermochte es der Habsburger nicht, das Reich zum militärischen Eingreifen zu bewegen. Zumindest aber gelang es ihm, den Oberbefehlshaber der aragonesischen Expeditionsarmee, Gonzalo Fernández de Córdoba, den seine Truppen voll Bewunderung „Gran Capitán" nannten, mit Landsknechten, schweren Waffen und Artillerie zu unterstützen. Rund 3000 Kämpfer aus dem Reich standen den Spaniern in Unteritalien zur Seite und waren wohl entscheidend am bald darauf erfolgten Sieg über Frankreich beteiligt. Am 29. Dezember 1503 suchte das französische Heer am Ufer des mittelitalienischen Flusses Garigliano die Entscheidung gegen die Spanier und wurde vernichtend geschlagen. Da die Niederlage der Franzosen derart verheerend war, mussten sie die Apenninhalbinsel räumen und Unteritalien samt Neapel befand sich fortan im Besitz Ferdinands von Aragón.[224] Ludwig XII. blieb keine andere Möglichkeit, als mit dem Habsburger einen Frieden zu schließen, der, versehen mit einem umfangreichen Vertragswerk, erst am 4. April 1505 auf der alten Reichsburg zu Hagenau im Elsass ratifi-

---

223 Wie Anm. 221, S. 145
224 Hermann Wiesflecker: Kaiser Maximilian I. Das Reich, Österreich und Europa an der Wende zur Neuzeit, Bd. 3: Auf der Höhe des Lebens. 1500-1508. Der große Systemwechsel. Politischer Wiederaufstieg, München 1977, S. 73, S. 75-77

ziert werden sollte. Der Ausgleich mit Frankreich bot dem römisch-deutschen König die Chance, in die europäische Großmachtpolitik zurückzukehren. Um die Jahreswende 1503/04 war der außenpolitische Systemwechsel vollzogen. Das Bündnis mit Frankreich führte den Habsburger aus der wohl heikelsten Lage seines Lebens heraus, auch wenn er nicht umhin kam, die Belehnung des französischen Königs mit Mailand durch den Papst als friedenssicherndes Zugeständnis zu tolerieren. Maximilian hatte nun aufgrund der aus habsburgischer Sicht vorteilhaften Verträge mit Frankreich den Rücken frei für alle akut anstehenden Angelegenheiten der Reichspolitik.[225]

---

225 Wie Anm. 222, S. 186-187, S. 191

Bayerisch-pfälzischer Erbfolgekrieg, Reichstag zu Köln 1505 und Feldzug gegen Ungarn

Der nach dem Tod des Herzogs Georg von Bayern-Landshut im Dezember 1503 entbrannte bayerisch-pfälzische Erbfolgekrieg, der sich mit allen Schrecken bis in das Jahr 1505 hinziehen sollte, verwüstete weite Teile Bayerns, Süddeutschlands sowie der Pfalz und wurde von allen Beteiligten mit äußerster Härte und Grausamkeit geführt. Kurz vor seinem Tod hatte Georg, genannt der Reiche, da er keine männlichen Erben hatte, seinen Schwiegersohn, Ruprecht von der Pfalz, zu seinem Statthalter ernannt und dessen Nachkommen als Erben in Niederbayern eingesetzt. Albrecht IV., Herzog von Bayern-München war nicht gewillt, diese Regelung zu akzeptieren, da gemäß dem Wittelsbacher Hausvertrag bei Aussterben einer männlichen Linie alle Besitzungen an die jeweils andere Linie fallen sollten. Maximilian übernahm die Vermittlerrolle zwischen den in Streit geratenen Parteien und leitete im Namen des Reiches die gesamte Kriegsführung, erschien persönlich an der Donau und rückte in die Rheinpfalz bis nach Heidelberg vor. Der pfälzische Kurfürst, der sich mit der innerdeutschen, gegen den Habsburger gerichteten, Opposition verbunden hatte, kam nicht umhin, sich zu unterwerfen.[226] Maximilians Sieg im bayerisch-pfälzischen Erbfolgekrieg, dem sogenannten Landshuter Erbfolgekrieg, führte ihn auf einen vorübergehenden Höhepunkt seiner Macht im Reich. Das Ansehen und die Reputation des Königs nach den schweren Niederlagen der vergangenen Jahre schienen damit wiederhergestellt zu sein. Jegliche Form der reichsständischen Opposition löste sich nun auf. Den Erbstreit zwischen Bayern und der Pfalz, der zugunsten der bayerischen Partei verlaufen war, beendete Maximilian auf

---

226 Reinhard Stauber: Der Landshuter Erbfolgekrieg-Selbstzerstörung des Hauses Wittelsbach?, in: Jörg Peltzer, Bernd Schneidmüller, Stefan Weinfurter, Alfried Wieczorek (Hrsg.): Die Wittelsbacher und die Kurpfalz im Mittelalter, Bd. 1, Regensburg 2013, S. 207-208

dem Kölner Reichstag am 30. Juli 1505 durch einen Schiedsspruch.[227] Dem König lag daran, Sieger und Besiegte zu versöhnen sowie für alle Seiten nach Möglichkeit einen Ausgleich zu finden. Obgleich die Pfalz sich gegen Maximilian aufgelehnt hatte und damit ein eklatanter Verstoß gegen Reichsrecht vorlag, behandelte der König alle beteiligten Oppositionellen mit großer Milde. Er nahm sie wieder in Gnaden innerhalb des Reichsverbandes auf, wobei er das Kurfürstentum sogar an der Aufteilung des Erbes teilhaben ließ. Das Haupterbe fiel zwar dem Wittelsbacher Herzog Albrecht IV. in München zu, doch sollte sich, nach dem Willen des Königs, an den Grenzen seines österreichischen Erblandes keine einseitige Machtvergrößerung vollziehen. Maximilian erhob gegenüber dem Herzogtum Oberbayern, das er mit 10.000 Mann Hilfstruppen während des Krieges unterstützt hatte, territoriale Entschädigungsansprüche, um seine Unkosten zu decken. Der Habsburger forderte und erhielt neben Rattenberg, Kitzbühel und Kufstein im bis dato bayerischen Unterinntal das gesamte nordöstliche, bisher zu Bayern gehörende, Tirol, die Gebiete bei Mondsee und Sankt Wolfgang sowie Grenzgebiete im habsburgischen Schwaben.[228]

Auf dem Reichstag zu Köln, der zwischen Mitte Juni und Anfang August 1505 tagte, gab es neben der den Erbstreit beendenden Abgabe des Schiedsspruches durch Maximilian noch weitere Entscheidungen, wie etwa die überaus notwendig gewordene Wiederherstellung des allgemeinen Landfriedens, der den Schutz des Einzelnen zur Sache der öffentlichen Hand, also des Reiches und seiner Gerichte machte.[229]

Großes Verdienst des Königs war es, das Reichskammergericht, dessen Tätigkeit während der Kriegszeit geruht hatte, zumindest pro forma aufrechterhalten und damit gerettet zu haben. Anderen Verbesserungsvorschlägen – insbesondere einer weiterführenden Steuerreform – gingen die Reichsstände aus dem Weg und zogen sich auf hinhaltenden Widerstand zurück. Ohne gravierende Schwierigkeiten hingegen hatten die Stände in Köln dem Habsburger, der sich seit dem Preßburger Frieden von 1491 neben dem amtierenden ungarischen

---
227 Ludwig Holzfurtner: Die Wittelsbacher. Staat und Dynastie in acht Jahrhunderten, Stuttgart 2005, S. 128-129
228 Ebd., S. 129
229 Heil: Maximilian I. und das Reich, in: Schmidt-von Rhein (Hrsg.): Kaiser Maximilian I., S. 99-100

König Wladislaw II. rechtmäßig „König von Ungarn" nennen durfte, eine Truppenhilfe von 1000 Reitern und 4000 Fußknechten gegen Ungarn gewährt. Dort stellte man neuerdings das seinerzeit vereinbarte Erbrecht der Habsburger, sollte Wladislaw ohne männliche Erben sterben, gänzlich in Frage.[230] Auf Unabhängigkeit ihres Königreichs drängende magyarische Magnaten unter Führung des ungarischen Aristokraten Johann Zápolya hatten auf dem Reichstag von Rákos, einem freien Feld in waldigem Gelände unweit von Pest, im Oktober 1505 den Antrag eingebracht, dass im Falle des Todes von Wladislaw, der zu jener Zeit schwer erkrankt war, ausschließlich ein geborener Ungar zum König gewählt werden dürfe. Auf Grund dieses Vorhabens schienen die habsburgischen Erbhoffnungen ernsthaft gefährdet zu sein. Maximilian war bereit, seinen Anspruch auf das ungarische Erbe, falls nötig, auch mit Waffengewalt geltend zu machen. Zwischen Mai und Juli 1506 zog der Habsburger die Donau aufwärts Richtung Preßburg und fiel in Mittelungarn ein. Angesichts des raschen Vorstoßes brach der Widerstand der Magnatenpartei innerhalb kurzer Zeit zusammen. Die Geburt eines ungarischen Thronerben, des Prinzen Ludwig, am 1. Juli 1506 machte die Thron- und Erbfolgefrage bis auf weiteres obsolet.[231] Aus diesem Grund nahm der Habsburger das offerierte ungarische Friedensangebot umgehend an, zog sich aus dem bereits besetzten Preßburg zurück und vereinbarte mit Wladislaw im Frieden von Wien am 19. Juli 1506 einen geheimen ungarisch-österreichischen Doppelheiratsvertrag, in dem wechselseitige Heiraten zwischen den jeweiligen Thronfolgern beschlossen wurden. Dieser Kontrakt, der im Herbst des folgenden Jahres – erweitert zu einem umfassenden Heirats- und Freundschaftsvertrag – von beiden Seiten ratifiziert wurde, sollte den Hoffnungen Maximilians auf das ungarische Erbe neuen Auftrieb geben, zumal hier die Nachfolgerechte der Habsburger auf Ungarns Thron nochmals ausdrücklich erneuert wurden. Maximilian hatte damit seine wohl folgenreichste politische Schöpfung in die Wege geleitet, was er zu jenem Zeitpunkt freilich nicht im Geringsten ahnen konnte. Erst 1515 sollte nach jahrelangen, zähen Verhandlungen die längst ver-

---

230 Hollegger: Maximilian I., S. 162
231 Metzig: Kommunikation und Konfrontation, S. 267

einbarte Doppelheirat zustandekommen. Die ungarische Frage war damit glücklich gelöst.[232]

---

232 Wie Anm. 231, S. 267-268

Bruch des Vertrages von Hagenau, Tod des Sohnes Philipp und Reichstag zu Konstanz 1507

Schwere Rückschläge hingegen musste Maximilian im Westen hinnehmen. Der französische König begann bereits nach wenigen Monaten seine Verpflichtungen aus dem im Frühjahr 1505 zwischen beiden Monarchen geschlossenen Vertrag von Hagenau zu vernachlässigen und zu hintertreiben, um unter allen Umständen ein habsburgisches Universaldominat zu verhindern. Vorrangiges Ziel des Franzosen war es, die Habsburger von Italien fernzuhalten, das er ihnen in Hagenau geradezu bereitwillig überlassen hatte. Der Habsburger hatte noch auf der Hagenauer Reichsburg prophezeit, Frankreich werde den Friedensvertrag brechen, noch ehe die Tinte trocken sei. Zudem beabsichtigte Ludwig, im Verbund mit Venedig, Maximilian den Romzug und die Kaiserkrönung zu verwehren.[233]

Ein bei weitem härterer Schlag traf den König mit dem überraschenden Tod seines erst 28jährigen Sohnes Philipp Ende September 1506 in Burgos. Zusammen mit seiner Gemahlin Juana hatte er seit etwas mehr als zwei Monaten das Königreich Kastilien regiert. Maximilian war fest entschlossen, das Erbe seines Enkels Karl gegen Frankreich zu verteidigen und nötigenfalls, sollte Ludwig XII. Ansprüche seines Hauses geltend machen wollen, selbst nach Spanien zu ziehen. Der Habsburger war von der universal-dynastischen Aufgabe seiner Dynastie überzeugt. Umzusetzen war dieses Vorhaben allerdings weniger mit Unterstützung des Reiches, das sich unablässig verweigerte, sondern allenfalls mit Hilfe der österreichischen Erblande.[234]

Schon bald nach dem Tod Philipps berief Maximilian die Reichsstände nach Konstanz, um über seinen geplanten Italienzug sowie die damit verbundene Kaiserkrönung in Rom vor versammeltem Gremi-

---

233 Wiesflecker: Kaiser Maximilian I., Bd. 3, S. 272, S. 280
234 Ebd., S. 268, S. 302-303

um zu beraten. Mit einer mitreißenden Rede trat der König Ende April 1507 vor den bis zum 26. Juli tagenden Reichstag und warb für sein Anliegen, wobei er betonte, dass er in all den vergangenen Kriegen für die Sache des Reiches gelitten habe, wie kein Mensch seit Christus am Ölberg. Zugleich trat der Habsburger, wohl etwas illusionistisch, vehement für den Erhalt Reichsitaliens ein.[235] Die Konstanzer Rede Maximilians fand bald darauf in Form eines Flugblattes weit über die Grenzen des Reiches hinaus Verbreitung. Gerade den jüngeren Fürsten sagten die offenen, scharfen, mitunter prahlerischen Worte des Königs zu. Von ihm erwarteten sie sich Eroberungen in Italien, Herrschaften und Pfründe im Dienst des Reiches. Um sich die Kurfürsten gefügig zu machen und sie enger an sich zu binden, stellte Maximilian ihnen eine Verbesserung der Goldenen Bulle in Aussicht, was ihre Machtstellung im Reichsgefüge erheblich aufgewertet hätte.[236] Alles in allem wurden die Verhandlungen mit den Reichsständen über Kriegsführung, Reichsregiment, Kammergericht und Reichssteuer lebhaft, mitunter geradezu hitzig geführt. Das vorrangige Ziel, für das der König die Fürsten gewinnen wollte, war der Romzug und die Erlangung der Kaiserkrone.[237]

Die Stände bewilligten Maximilian letztendlich 12.000 Mann zur Unterstützung seines geplanten Romzuges sowie 120.000 Gulden. Die zugesagten Hilfsgelder sollten allerdings – wie bereits zuvor auch – entweder stark verspätet oder gar nicht eingehen. Ohne das bereitwillige Vorstrecken von Darlehen durch die Fugger, die mit Hilfe der Erträge aus den tirolerischen Erz- und Silberbergwerken zurückbezahlt wurden, wäre das Unternehmen wohl kaum über die ersten Vorbereitungen hinausgekommen.[238]

---

235 Hollegger: Maximilian I., S. 178-180
236 Wie Anm. 233, S. 358-359
237 Wie Anm. 235, S. 184-185
238 Ebd., S. 185-186

Kaiserproklamation und Krieg um Italien

Maximilians Aussichten, tatsächlich bis nach Rom zu gelangen, schienen im Herbst des Jahres 1507 äußerst gering zu sein, da die Mächte Europas – allen voran Frankreich als ärgster Konkurrent Habsburgs – darum bemüht waren, ihn an diesem Vorhaben zu hindern. Die Venezianer ließen den König wissen, dass sie ihn nur als einfachen Pilger durchziehen lassen würden – wie einst seinen Vater. Der Habsburger beabsichtigte jedoch, als künftiger Kaiser in Rom zu erscheinen und eine entsprechende Heeresmacht mit sich zu führen. Dieser Plan sollte sich so allerdings nicht umsetzen lassen.[239]

Die viel zu geringe Hilfe – von den bewilligten 120.000 Gulden waren zu Beginn des Italienzuges kaum 40.000 eingegangen – stellte Maximilian vor ein schwerwiegendes Problem, das die Situation noch verschärfte. Er konnte zudem nur über rund 1000 Mann, rekrutiert aus den Reichstruppen, verfügen, statt der zugesagten 12.000 Reiter und Landsknechte. All das Kapital, das ihm das Reich versagte, versuchte der König durch Verkäufe von Herrschaften, Verpfändungen und Anleihen aus seinem Kammergut zu erlangen. Da dies bei weitem nicht ausreichte, erbat Maximilian von den Landtagen seiner österreichischen Erblande weitere Gelder und Truppenkontingente. Inständig hoffte er, dass sich die finanziell angespannte Lage lösen würde, sobald seine Truppen die überaus wohlhabende Lombardei erreicht hätten, um letztlich den italienischen Städten und Provinzen, so sein Ansinnen, die Kosten dieses Italienzuges aufbürden zu können.[240]

Da man im südlichen Alpenvorland etwa 8000 Venezianer vermutete, die sich dort an der Grenze zu Tirol sowie Innerösterreich verschanzt hielten, sah Maximilian keine andere Möglichkeit, als alle Pässe mit seinem Heer zu umgehen. Er fasste den Entschluss, über das im

---

239 Kohler: Maximilian I. und das Kaisertum, in: Schmidt-von Rhein (Hrsg.): Kaiser Maximilian I., S. 85
240 Hollegger: Maximilian I., S. 186

Flusstal der Etsch gelegene Trient nach Rom zu ziehen. Anfang Februar des Jahres 1508 standen im Raum von Trient rund 4000 Reiter und 3000 Landsknechte bereit – davon nur etwa 1000 Mann Reichstruppen. Verglichen mit der vereinigten, etwa dreifachen Kriegsmacht der Venezianer und den mit ihnen verbündeten Franzosen, die bereits alle Kräfte in der Lombardei zusammenzogen, ein geradezu klägliches Aufgebot. Maximilian war angesichts dieser militärischen Übermacht klar, dass dies für einen Italien- oder gar Romzug keinesfalls ausreichen würde. Zudem schien auch ein erneuter Waffengang mit Frankreich um Einfluss und territorialen Besitz in Italien – vorrangig ging es hier um das in französischen Händen befindliche einstige Reichslehen Mailand – unvermeidbar. Aus diesem Grund entschloss sich der Habsburger, den Kaisertitel umgehend anzunehmen – vorerst ohne Krönung. Ein so bedeutender und prestigeträchtiger Akt staatlicher Machtentfaltung schien die enormen Kosten seines Aufmarsches vor der Öffentlichkeit zumindest einigermaßen zu rechtfertigen. Der König hoffte immer noch, die Krönung durch den Papst in Rom eventuell zu einem späteren Zeitpunkt nachholen zu können. Die wenigen geistlichen und weltlichen Fürsten, die bereit gewesen waren, sich seinem Romzug anzuschließen, hatte Maximilian nach Trient beordert. Beim Einzug in die Stadt trugen er und seine Begleiter Pilgerkleidung – lange Mäntel, breitkrempige Muschelhüte, Pilgerstäbe und um den Hals den Rosenkranz. Dem Unternehmen sollte so der Nimbus einer frommen „Kirchfahrt" gegeben werden, die ganz im Namen des vollkommenen „Gottesfriedens" vonstatten ging.[241] Am 4. Februar 1508 fand die feierliche Zeremonie in Trient statt und wurde, ganz im Sinne Maximilians, in überlieferten Traditionen abgehalten. In einer glanzvollen Prozession wurde der Habsburger zum Dom geleitet, wobei man alle Reliquien, die in der Stadt aufzufinden waren – vor allem der Schrein des seligen Simon von Trient – mitführte. Vergleichbar mit den Krönungszeremonien in Rom oder Aachen sollte auch die Kaiserproklamation in Trient ganz im Zeichen der Heiligen und ihrer Reliquien zelebriert werden. Maximilian, der in schwarzes Samt gekleidet auf einem Schimmel zum Dom ritt, wurde nur von wenigen Fürsten – kein einziger Kurfürst befand sich unter seiner Entourage – begleitet.

---

241 Wie Anm. 239, S. 85-86

Etwas Glanz und Farbe verliehen dem Zug die rund 1000 Reiter, die die Fahnen des Reiches und des Heiligen Georg mit sich führten. Auf den Chorstufen des Domes wurde den anwesenden Fürsten und Rittern feierlich der Sankt Georgsorden verliehen. Diese Zeremonie diente wohl als Ersatz für den bei einem Romzug üblichen Ritterschlag zum „Goldenen Ritter" auf der Tiberbrücke.[242] Der Fürstbischof von Gurk in Kärnten, Matthäus Lang von Wellenburg, verkündete im Anschluss daran vom Ambo des Chores aus den festen Willen Maximilians, seinen Krönungszug nunmehr anzutreten. Nach alter Tradition sollte der Habsburger, so der Bischof, fortan nicht mehr als „Römischer König", sondern als „Erwählter Römischer Kaiser" angeredet werden. Am Ende der Kaiserproklamation gelobten die anwesenden Truppenkontingente dem Kaiser ihr feierliches Treueversprechen und ließen Vivat-Rufe folgen, die wohl größtenteils im Schall der Trompeten und dem Schlagen der Trommeln untergegangen sein dürften. Maximilian wurde in Trient weder gekrönt noch gesalbt und so blieb es bei dieser Proklamation begleitet von kirchlichen Segensgebeten und Fürbitten. Bei dieser Gelegenheit trug der Monarch erstmals die für diesen Anlass angefertigte sogenannte Infelkrone, eine Mitrenkrone, die wohl ihr Vorbild in einer ähnlichen Variante Kaiser Friedrichs III. findet und für Maximilian fortan die alleinige Funktion einer Kaiserkrone erfüllte. Der nunmehr erlangte Kaisertitel wurde durch den Papst umgehend bestätigt. Julius II. erhoffte sich mit diesem Schritt die tatkräftige Unterstützung des Monarchen gegen Venedig, das Territorien der Kirche bedrohte. Zugleich war es ihm unstreitig gelungen, den Habsburger samt seiner Heeresmacht von Rom ferngehalten zu haben. Julius hatte ihn mit einem „Pergament" abgefertigt. Da Maximilian die Wahrung seines Ansehens und seiner Herrscherwürde ein besonderes Anliegen war, ließ er aus Anlass der Kaiserproklamation Gedenkmünzen prägen, die ihn hoch zu Ross, mit Krone und dem kaiserlichen Doppeladler zeigen. Erwartungsvoll hoffte er weiterhin auf eine baldige Krönung durch den Papst in Rom, wozu es allerdings nicht mehr kommen sollte.[243]

---

242 Ebd., S. 86-87
243 Wie Anm. 240, S. 189-190

Noch in der gleichen Nacht verließ der Kaiser Trient, um sich mit seinen Truppen an die Grenzen Venedigs zu begeben, nachdem er zuvor noch einmal vergeblich um friedlichen Durchzug gebeten hatte. Die Signorie sperrte sich gegen alle kaiserlichen Vorschläge und wollte den Monarchen mit allen Mitteln am weiteren Vorrücken durch Italien hindern. Der Habsburger ließ noch Anfang Februar 1508 Einheiten – rund 2000 bis 3000 Landsknechte – unter Führung des Markgrafen Kasimir von Brandenburg gegen Rovereto unweit Verona vorrücken und beabsichtigte, die Veroneser Klause, ein von der Etsch durchströmter Engpass nordwestlich von Verona, in einer Zangenbewegung zu nehmen, um anschließend von der Lombardei aus gegen Venedig operieren zu können. Damit begann jener große Krieg um die Lagunenstadt und Italien, der über Jahre nicht nur die Apennin-Halbinsel, sondern auch weite Teile Europas mit üblen Verwüstungen überziehen sollte.[244]

Das kaiserliche Heer war jedoch zu schwach, um seinen Gegnern beggegnen oder ernsthaft gefährlich werden zu können. Die schwerste Niederlage dieses ersten kurzen Feldzuges erlitt das kaiserliche Heer Anfang März 1508 im Cadore, einer von den Dolomiten umrahmten Tallandschaft in Venetien, wo die Venezianer den Kaiserlichen in einer engen Schlucht den Durchzug mit Hilfe von Steinlawinen unmöglich machten und alle bis auf den letzten Mann hinmetzelten.[245] Der Doge von Venedig ließ diesen Sieg voll Genugtuung vom jungen Tizian an die Wand des großen Ratssaales seines Palastes malen. Im weiteren Verlauf besetzten die Venezianer neben Kirchenbesitz die ganze Halbinsel Istrien, Fiume in Venetien und die Grenzmark Krain – allesamt habsburgische Territorien. Um weiteren Gebietsverlusten zu entgehen, schloss Maximilian am 6. Juni 1508 mit Venedig im Kloster Santa Maria delle Grazie bei Arco einen Waffenstillstand. Daraufhin zog der Kaiser über Süddeutschland an den Rhein und weiter nach Burgund, wo seine diplomatisch versierte Tochter, Erzherzogin Margarethe, als Statthalterin der sogenannten habsburgischen Niederlande mit Frankreich in Verhandlung trat und eine Wendung der politischen Lage in die Wege zu leiten versuchte. Da der französische König erbost da-

---

244 Hermann Wiesflecker: Kaiser Maximilian I. Das Reich, Österreich und Europa an der Wende zur Neuzeit, Bd. 4: Gründung des habsburgischen Weltreiches. Lebensabend und Tod. 1508-1519, München 1981, S. 12, S. 15
245 Ebd., S. 18-19

rüber war, dass die mit ihm verbündete Stadtrepublik Venedig einen Waffenstillstand mit dem Kaiser geschlossen hatte, war er durchaus verhandlungsfreudig und zeigte sich zu diplomatischen Konzessionen bereit.[246]

---

246 Wie Anm. 244, S. 19-22

Liga von Cambrai, Reichstage zu Worms 1509 und Augsburg 1510

Der Habsburger war entschlossen, die Situation zu nutzen und ein neues Bündnis mit Frankreich einzugehen. Nur mit dem französischen Verbündeten an der Seite, schien ihm die Rückeroberung der an Venedig verlorenen Gebiete möglich. Binnen kurzer Zeit fanden der Kaiser sowie der französische König zusammen. Am 10. Dezember 1508 unterzeichneten die Vertreter Ludwigs und Maximilians in Cambrai einen gegen die Republik Venedig gerichteten Bündnisvertrag, die sogenannte Liga von Cambrai. Bald darauf schlossen sich auch der Papst sowie die Könige von Aragón, Ungarn und England dieser Liga an. Der neue Bund mit Frankreich war offiziell, wie so oft, als Allianz gegen die Osmanen geschlossen worden, was man überall entsprechend kundtat, tatsächlich aber richtete sich dieser Zusammenschluss gegen die Signorie. Als Dank für seine Waffenbrüderschaft wurden Ludwig XII. Grenzgebiete in der Lombardei in Aussicht gestellt. Venedig hatte sich aufgrund seiner Eroberungen auf dem Festland bei all seinen Nachbarn unbeliebt gemacht. Bald sollte sich die Signorie der Gefahr eines Angriffes aller europäischen Großmächte klar werden.[247]

Die Liga von Cambrai führte zu einer völligen Umkehr aller bestehenden Bündnisse. Frankreich beging gegenüber seinem langjährigen Verbündeten Venedig einen eindeutigen Treuebruch und der Kaiser brach den kurz zuvor mit der Signorie geschlossenen Waffenstillstand. Maximilian hegte die Hoffnung, mit französischer Waffenhilfe einerseits die Verluste des letzten Feldzuges gegen Venedig auszugleichen, andererseits aber auch den einstigen Reichsbesitz in Italien zurückzugewinnen und somit die Reichsherrschaft über Italien formal zu erneuern. Das Bündnis mit Frankreich schien ihm den Mangel an eigenen militärischen Kräften zu ersetzen. Maximilian verfolgte jedoch

---

247 Hollegger: Maximilian I., S. 194-195

zeitgleich eine Doppelstrategie, indem er auch danach strebte, mit Hilfe Aragóns die Vorherrschaft in Italien wiederherzustellen und so die Franzosen allmählich von der Halbinsel zu verdrängen. Letztlich sollte sich in Italien aber keine Hegemonie des Reiches durchsetzen, sondern der Machtanspruch Spaniens.[248]

Die Liga von Cambrai war zweifellos der Anlass für das folgende langjährige Ringen um Italien. Was mit dem Konflikt um Venedig begann, wuchs sich allmählich zu einem Machtkampf um ganz Italien aus. Einen europäischen Krieg dieses Ausmaßes hatte es bisher wohl noch nicht gegeben. Am 14. Mai 1509 eröffnete Frankreich diese Auseinandersetzung mit der Schlacht von Agnadello in der Lombardei und konnte das venezianische Hauptheer empfindlich schlagen. Den Franzosen gelang es nach diesem entscheidenden Sieg bis an die Lagunen Venedigs vorzudringen. Im Anschluss daran eroberte das französische Heer innerhalb von zwei Wochen Bergamo, Brescia, Cremona und Peschiera zurück – allesamt von Venedig besetzte ehemalige Mailänder Gebiete –, die ihnen der Vertrag von Cambrai zugestand. Bald erregte aber die Vorgehensweise Frankreichs die Mißgunst aller übrigen Bundesgenossen.[249]

Maximilian erschien erst geraume Zeit später mit einem schwachen Heer am Kampfschauplatz in Italien – kaum 1000 Mann und 1500 Reiter. Zuvor hatte der Monarch noch für drei Tage den Wormser Reichstag besucht, der vom 22. April bis 9. Juni 1509 tagte. Die Reichsstände waren auch dieses Mal wieder dem Kaiser geschlossen entgegengetreten und hatten ihm jede Hilfe für den Italienfeldzug versagt, obgleich gerade damals die einmalige Gelegenheit bestanden hätte, die alten Reichsrechte in Italien mit Hilfe französischer Siege nahezu ohne eigene Kraftanstrengung wiederherzustellen.[250]

Nicht einmal auf die Verabschiedung neuer Reformen wollten sich die in Worms Versammelten einlassen. Der Hauptgrund für diese Entscheidung war wohl die Tatsache, dass der Monarch die Stände nicht über den Abschluss der Liga von Cambrai informiert hatte. Insbesondere alle größeren Reichsstädte lehnten den Krieg gegen die Signorie ab, da

---

248 Wie Anm. 247, S. 196
249 Ebd.
250 Reinhard Seyboth: Reichsreform und Reichstag unter Maximilian I., in: Helmrath, Kocher, Sieber (Hrsg.): Maximilians Welt, S. 250

dieser eine beträchtliche Störung ihres Handels bedeutete.²⁵¹ Letztlich erfuhr der Habsburger ausschließlich durch seine österreichischen Erbländer – allen voran Tirol – Unterstützung mit Kapital und Truppen. Derart gestärkt gelang es Maximilian im ersten Ansturm und ohne großen Widerstand im Juni 1509 die Städte Verona und Padua zu besetzen. Padua sollte allerdings sehr bald wieder verloren gehen und konnte trotz Belagerung nicht mehr zurückgewonnen werden. Im Osten vermochten die Kaiserlichen Triest und die habsburgische Grafschaft Görz in Venetien – ein wichtiger Vorposten gegen die Republik Venedig – zurückzuerobern. Die Franzosen, die dem Habsburger bereits enorme Landgewinne verschafft hatten, waren allerdings nicht bereit, ihm alle seine noch ausstehenden Ansprüche zu erfüllen oder gar seine Neuerwerbungen zu verteidigen. Bestärkt wurden sie in ihrem Handeln wohl noch zusätzlich durch den Unwillen der Reichsstände, dem Kaiser für seinen Feldzug entsprechende Kriegshilfen zur Verfügung zu stellen. Für das Reich sahen die Stände hier „… kein nutz, sonder allein nachtheil, schimpf und schade …"²⁵² Die französische Armee zog sich von daher vorzeitig, noch im Oktober, in ihr Winterquartier zurück. Der Konsens zwischen den beiden Verbündeten nahm fortan zusehends ab. Französische Ritter weigerten sich, gemeinsam mit deutschen Landsknechten – Schustern, Schneidern und Stallknechten – zu kämpfen. Ordnung und Disziplin der kaiserlichen Truppenverbände ließen in den Augen der Franzosen mehr als zu wünschen übrig. Von den Kaiserlichen besetzte Landstriche wurden vollständig ausgeplündert und die Bevölkerung stark in Mitleidenschaft gezogen. Maximilians Hoffnung, mit Hilfe der eroberten Gebiete den Krieg finanzieren zu können, sollte nicht in Erfüllung gehen. Der Monarch war gezwungen, Teile Veronas an die Franzosen zu verpfänden, um seine Verbündeten auf diese Weise für die Verteidigung der Stadtbefestigung gewinnen zu können. Den ungünstigen Verlauf der letzten Operationen versuchte der Kaiser mit Hilfe von Flugblättern, die jegliche Schuld an der misslichen Lage den Reichsständen zuwiesen, öffentlich zu rechtfertigen. Dieser Vorwurf war durchaus zutreffend, denn die Stände hatten in der Tat den Monarchen geradezu

---

251 Dietmar Heil (Bearb.): Deutsche Reichstagsakten unter Maximilian I., Bd. 10: Der Reichstag zu Worms 1509, Berlin-Boston 2017, S. 73, S. 76, S. 79-80
252 Zit. nach: Seyboth: Reichsreform und Reichstag, in: Helmrath, Kocher, Sieber (Hrsg.): Maximilians Welt, S. 251

schändlich im Stich gelassen. Zu jenem Zeitpunkt, gegen Ende des Jahres 1509, war das Reich als Kriegsmacht wohl kaum mehr ernst zu nehmen.[253]

Ein bedeutender Erfolg hingegen gelang Maximilian in Form eines Ausgleichs mit König Ferdinand von Aragón im Dezember 1509 in der kastilischen Erbfolgefrage. Der Kaiser erklärte sich bereit, Ferdinand, der für seine dem Wahnsinn verfallene Tochter Juana die Regentschaft in Kastilien ausübte, auf Lebenszeit zu bestätigen. Im Gegenzug erhielt der Kaiser die Zusicherung, dass sein Enkel Karl – der spätere Karl V. – dereinst die Nachfolge Ferdinands in Aragón und Kastilien werde antreten können. Seit dem Tod seines Sohnes und Thronfolgers Don Juan im Herbst 1497, der mit Maximilians Tochter Margarethe verheiratet gewesen war, schien Aragóns König seinen Platz an der Seite Habsburgs zu sehen. Ihm blieb letztlich nichts anderes übrig, als sich mit der arrangierten Nachfolgeregelung abzufinden. Für Ferdinand war Frankreich der unumschränkte Feind, der potentielle Eroberer ganz Italiens, gegen den es eine starke Front aufzubauen galt. Sowohl der aragonesische König als auch der Habsburger betrachteten Italien als Kernland des Heiligen Römischen Reiches sowie als Bindeglied ihrer beiden Dynastien.[254]

Trotz des beharrlichen Einwirkens der Monarchen Aragóns, Englands sowie vor allem des Papstes auf Maximilian, seine Allianz mit Frankreich aufzugeben, verblieb der Kaiser fest an der Seite des Königreiches. Das enge Bündnis mit Ludwig XII. erschien ihm als die einzig mögliche und reelle Option. Dem erfahrenen Feldherrn Maximilian war aufgrund seiner bisherigen Erkenntnisse wohl bewusst, dass es ihm schwerlich gelingen würde, Frankreich zu besiegen. Im Bund mit Ludwig durfte Maximilian zumindest hoffen, Venedig unterwerfen zu können, wobei er nicht bedachte, dass der Franzosenkönig nicht das geringste Interesse hatte, sich der Stadtrepublik über ein gewisses Maß hinaus zu bemächtigen. Ludwig schien sich die Möglichkeit eines erneuten Bündnisses mit seinem einstigen und langjährigen Verbündeten Venedig für die Zukunft offen halten zu wollen.[255]

---

253 Wiesflecker: Kaiser Maximilian I., Bd. 4, S. 46-47, S. 49-50, S. 52-54, S. 60-64
254 Miguel Angel Ladero: Das Spanien der katholischen Könige. Ferdinand von Aragon und Isabella von Kastilien 1469-1516, Innsbruck 1992, S. 37, S. 55, S. 283-284
255 Metzig: Kommunikation und Konfrontation, S. 203

Den Papst bezichtigte der Kaiser des Verrates, da dieser, seiner Meinung nach, stets den vollständigen Sieg über die Signorie und die Wiederherstellung der Reichsrechte in Italien behindert, wenn nicht sogar hintertrieben habe. Zudem habe Julius II., nach Ansicht Maximilians, bei der Verteilung von Territorien, wie sie sich aus dem Vertrag von Cambrai ergab, vorrangig seine ureigenen Interessen verfolgt. Tatsächlich schloss Julius, kaum hatte er den Venezianern die norditalienische Romagna abgenommen, im Februar 1510 Frieden mit der Signorie.[256] Mit Lossagung des Papstes sollte sich die Liga von Cambrai rasch auflösen. Seither fühlte sich der Kaiser um so enger Frankreich verbunden, zumal ihm auch der Augsburger Reichstag, der vom 3. März bis 22. Mai 1510 im Stadtpalast der Fugger tagte und eine notwendig gewordene Folge der prekären Lage war, in der sich der Monarch seit Herbst 1509 befand, keine zufriedenstellende Kriegshilfe in Aussicht stellte. Zwar einigten sich die Reichsstände darauf, dem Kaiser eine bescheidene Truppen- und Finanzhilfe zu gewähren, allerdings viel zu spät und letztlich auch in viel zu geringem Umfang. Die versammelten Fürsten waren der Überzeugung, dass der Habsburger den Krieg in Italien ausschließlich zum Nutzen seines eigenen Hauses, nicht aber zum Wohlergehen des Reiches führe. Eben diesen Vorwurf hatten sie ihm bereits auf dem letzten Reichstag in Worms gemacht. Auch auf diesem Reichstag brachte der Kaiser diverse zukunftsweisende Reformideen ein.[257] Oberste Priorität nahm hier der Plan ein, ein stehendes Heer von rund 40.000 Landsknechten und 10.000 Reitern aufzubauen. Diese stehende Truppe sollte nicht nur bei Kriegen außerhalb des Reiches zum Einsatz kommen, sondern auch zur Sicherung des Landfriedens im Inneren dienen. Anfangs rechnete der Kaiser zumindest noch mit der Durchsetzung eines Bruchteils seiner Forderungen, letztendlich sollten sich die Stände nicht einmal ansatzweise auf eine Beratung von Maximilians Vorschlägen einlassen. Eine Fortsetzung der Reichsreform scheiterte hauptsächlich am Unwillen der Reichsfürsten, eventuelle Einschränkungen ihrer Privilegien hinzunehmen, da sie ihren Machtanspruch innerhalb des Reichsgefüges gefähr-

---

256 Ebd., S. 262, S. 345-346
257 Reinhard Seyboth (Bearb.): Deutsche Reichstagsakten unter Maximilian I., Bd. 11: Die Reichstage zu Augsburg 1510 und Trier/Köln 1512, Teil 1, Berlin-Boston 2017, S. 80-83

det sahen. Steuerliche Hilfen wurden dem Kaiser gänzlich versagt und so blieb Maximilian aufgrund seiner desolaten finanziellen Lage keine andere Wahl, als am Bündnis mit Frankreich, das ihm stets ein gewisses Unbehagen bereitete, festzuhalten. Trotz des alles in allem wenig überzeugenden Ergebnisses des Reichstages, gab es in Augsburg diverse Festlichkeiten, an denen der Monarch teilnahm – sogar ein Turnier zwischen Kaiser Maximilian und Kurfürst Friedrich von Sachsen wurde zur allgemeinen Unterhaltung abgehalten. Dem Kaiser selbst brachte das enormen Prestigegewinn ein.[258]

Da der Habsburger zu jenem Zeitpunkt keine andere Möglichkeit sah und sich in einem völligen Abhängigkeitsverhältnis zu Frankreich befand, war er wohl bereit, den verwegendsten Plänen des französischen Königs zu folgen. Im September 1510 hatte Ludwig XII., nachdem der Papst ihn aus der Liga ausgestossen hatte, da er dessen Expansionsdrang fürchtete und ihn bei nächster Gelegenheit aus Italien vertreiben wollte, eine Synode der gallikanischen Kirche nach Tours berufen. Dem Papst drohte der Franzosenkönig seinerseits offen mit Konzil und Absetzung. Ludwig umwarb und umschmeichelte bei alledem den Kaiser, um ihn an seiner Seite zu halten. Der Preis, den Maximilian für seine Bündnistreue würde bezahlen müssen, hätte nicht höher sein können. Anstatt der Kaiserkrönung in Rom, die er sich als Dank für die Unterstützung des Papstes im Kampf gegen Venedig erhofft hatte, musste er nun fürchten, zusammen mit Frankreichs König aus Italien verdrängt zu werden. Dem Kaiser war bewusst, dass er auch zukünftig nur mit Hilfe der gewaltigen französischen Kriegsmacht würde bestehen und gegebenenfalls die verlorenen italienischen Gebiete wieder zurückerobern können.[259] Um dem König von Frankreich seine Ergebenheit zu bezeugen, sandte der Habsburger seinen Bevollmächtigten Matthäus Lang von Wellenburg nach Frankreich, der am 17. November 1510 in Blois die bestehenden Verträge mit Ludwig erneuerte und Maximilians Bereitschaft erklärte, das Konzil von Pisa zu unterstützen, dessen Einberufung für 1511 mit reger Unterstützung schismatischer Kardinäle in Tours beschlossen worden war. Der Kaiser ließ öffentlich verkünden, dass Julius II. der gesamten Christenheit ein

---

258 Wie Anm. 257, S. 84, S. 91
259 Hollegger: Maximilian I., S. 199

denkbar schlechtes Vorbild sei. Alle Kirchengelder aus dem Gebiet des Reiches würden, so die Argumentation Maximilians, in erster Linie zum Plaisir und zur Repräsentation des päpstlichen Hofes verwand, statt für das Abhalten heiliger Messen oder gar zur Abwehr der Türken. Nach Ansicht des Habsburgers war es unumgänglich, den Papst zur Rechenschaft zu ziehen und so sprach man bereits offen von dessen Absetzung.[260]

Trotz Maximilians unbedingter Loyalität zum französischen König, sah er sich von dessen Bündnistreue bald verlassen. Alle Anstrengungen des Kaisers, Friaul und Treviso – einst wichtige Grenzmarken – im Sommer 1511 zu erobern, blieben mangels jedweder Unterstützung Frankreichs erfolglos. Eine Wiederherstellung der alten Reichsrechte in Italien im Sinne einer „renovatio imperii", schien somit unmöglich geworden zu sein.[261]

Weiterhin Unterstützung fand der Monarch hingegen bei seinem Erbland Tirol. Hier ließ man ihm immer wieder Hilfe in Form von Kriegssteuern und Soldaten zukommen. Während des Venezianerkrieges sollte Tirol alljährlich rund 10.000 Mann an die Grenzen schicken. In diesem schweren Ringen war der Habsburger gänzlich auf seine Erbländer angewiesen. Die entscheidenste Ursache für die militärischen Niederlagen des Kaisers in den folgenden Jahren war aber mit Sicherheit die beharrliche Verweigerung von Hilfen seitens der Reichsstände. Der Plan, ein stehendes Heer aufzustellen, das in jenen Jahren einer politischen Neuorientierung Europas notwendig gewesen wäre, war nicht durchzusetzen. Mit Sicherheit war den Ständen die expansionistische Unternehmungslust des Kaisers – wohl nicht zu Unrecht – suspekt.[262]

Nach drei entbehrungsreichen Kriegsjahren war der Friedenswille im Herbst 1511 auf allen Seiten groß. Insbesondere das Innsbrucker Regiment, das die Hauptlast dieses Krieges zu tragen hatte, drängte auf den Abschluss eines baldigen Friedens. Vorerst sollte sich jedoch keine Seite dazu bereit finden, einen annehmbaren Vergleich oder Friedens-

---

260 Ebd., S. 200-201
261 Wie Anm. 255
262 Wiesflecker: Kaiser Maximilian I., Bd. 4, S. 70-71

vorschlag einzubringen, den alle Beteiligten hätten akzeptieren können.[263]

---

263 Wie Anm. 262, S. 85-86

Kaiser-Papst-Plan, neue Heilige Liga, Reichstag zu Trier/Köln 1512 und „Dreieinigkeit"

Als Papst Julius II. im September 1511 lebensbedrohlich erkrankte, sah der Kaiser die Möglichkeit gekommen, den Ereignissen eine Wendung zu geben. Er beabsichtigte ernsthaft, sich des Papststuhles zu bemächtigen. Maximilian musste bei einem derart ambitionierten Vorhaben mit reichlich Widerstand rechnen. Die schismatischen Kardinäle des Pisaner Konzils, das nicht als solches gezählt wird, sondern nur als Synode und sich ohnehin bald ergebnislos auflösen würde, ermunterten ihn, sich mit ihren Stimmen als Gegenpapst aufstellen zu lassen. Im Geltungsbereich der deutschen und französischen Kirche, so die Idee, hätte der Habsburger auch politisch seinen Einfluss geltend machen können. Das Papsttum hätte dem Kaiser gewiss einen entscheidenden Machtanspruch innerhalb der Reichskirche eingeräumt, wobei der freie Zugriff auf Kirchengelder zweifellos verlockende Wirkung gehabt haben dürfte.[264] Auch die noch ausstehende Kaiserkrönung hätte sich dann leicht arrangieren lassen. Nie konnte Maximilian dem Pontifex die massive und beharrliche Störung seiner Pläne verzeihen. Um die Tiara zu erlangen, wäre der Habsburger sogar bereit gewesen, „... niemals mehr eine nackte Frau zu berühren"[265], wie er scherzhaft seiner Tochter Margarethe schrieb. Doch es sollte anders kommen. Der Papst kam wieder zu Kräften und der Plan Maximilians war damit obsolet geworden. Um den Kaiser endgültig und für alle Zukunft von dieser verwegenen Idee abzubringen, scheute Julius fortan kein politisches oder finanzielles Mittel, denn die Vorstellung eines Schismas erfüllte den Papst mit Furcht.[266]

Beeinflusst durch den klugen Rat seiner Tochter Margarethe und das Verhandlungsgeschick König Ferdinands von Aragón, sollte es

---

264 Hollegger. Maximilian I., S. 212-213
265 Brief Maximilians an seine Tochter Margarethe vom 18. September 1511, zit. nach: Wiesflecker-Friedhuber: Quellen zur Geschichte Maximilians I., S. 193
266 Wie Anm. 264, S. 213-214

schließlich gelingen, den Kaiser für eine neue Heilige Liga mit dem Papst zu gewinnen, die die Vertreibung der Franzosen aus Mailand und Italien zum Ziel hatte und am 4. Oktober 1511 geschlossen wurde, wobei Maximilian formal erst am 19. Juni 1512 die Liga von Cambrai verliess und diesem Bündnis beitrat. Neben dem Heiligen Stuhl gehörten auch Venedig, Aragón, England und die Eidgenossen dieser antifranzösischen Allianz an.[267] Über päpstliche, aragonesische und englische Vermittlung konnte der Habsburger Anfang April 1512 einen einjährigen Waffenstillstand mit der Signorie schliessen – eine wichtige Voraussetzung für seinen Beitritt zur Heiligen Liga. Am 11. April 1512 schließlich kämpften kaiserliche Landsknechte und Franzosen bei Ravenna das letzte Mal Seite an Seite gegen ein vereint kämpfendes Heer des Papstes und des Königs von Aragón, wo mit 20.000 Toten die blutigste Schlacht des ganzen Krieges geschlagen wurde. Obgleich die französischen Truppen einen vollständigen Sieg davongetragen hatten, gelang es ihnen letztlich nicht, Norditalien langfristig zu halten. Bald darauf, im Mai jenen Jahres, vertrieb ein vereinigtes Heer aus Eidgenossen und Venezianern die Franzosen aus der Lombardei. Maximilian indes blieb überzeugt davon, dass das Bündnis mit Frankreich am ehesten geeignet gewesen wäre, die italienische Frage zu lösen, wenn Ludwig XII. den Kaiser uneingeschränkt unterstützt hätte.[268]

Bereits Ende Februar 1512 war es Maximilian gelungen, einen zwischenzeitlich notwendig gewordenen Reichstag einzuberufen, der vom 16. April bis 10. Juli jenen Jahres zunächst in Trier und dann ab 19. Juli bis 26. August in Köln tagte. Dieses Mal konnte der Kaiser zwar den Vorschlag für die Einrichtung eines kaiserlich-ständischen Reichsregiments mit acht Räten durchsetzen, das während seiner Abwesenheit die Regierung führen, den Landfrieden sichern und Steuern einwerben sollte, doch letzten Endes wurde dieser Beschluss nicht in die Tat umgesetzt. Die Reichsstände hätte die Etablierung eines solchen Reichsregiments dazu verpflichtet, politische Mitverantwortung zu übernehmen, was nicht wirklich in deren Sinne war.[269] Die wohl wesentlichste und zukunftsweisende Neuerung dieses Reichstages war

---

267 Metzig: Kommunikation und Konfrontation, S. 204
268 Ebd., S. 207
269 Seyboth (Bearb.): Deutsche Reichstagsakten, S. 99, S. 103

mit Sicherheit die Einführung von zehn Reichskreisen, wobei deren volle Etablierung freilich noch Jahre in Anspruch nahm. Es war hierbei vorgesehen, dass innerhalb dieser Kreise ein Hauptmann sowohl für die äußere Landesverteidigung, als auch für den inneren Landfrieden sowie für die Vollstreckung von Kammergerichtsurteilen zuständig sein sollte. Die Aufstellung eines stehenden Heeres, ein besonderes Anliegen des Kaisers, scheiterte auch dieses Mal wieder am lebhaften Widerspruch der Reichsstände. In den folgenden Jahren versuchte Maximilian vergeblich, Reichstage einzuberufen, da die Stände wenig Bereitschaft zeigten, hier aktiv mitzuwirken.[270]

Im August 1512 trafen die Gesandten der Ligamächte in Mantua zusammen, um Mittel- und Oberitalien nach Abzug der Franzosen eine neue Ordnung zu geben. Das Herzogtum Mailand ging wieder an das Haus Sforza und die Medici erhielten Florenz zurück. Parma und Piacenza, einstige Reichslehen, nahm sich der Papst. Der Kaiser, der sich zu diesem Zeitpunkt noch in Köln aufhielt, dachte daran, sich Gebiete der Signorie in Venetien anzueignen, musste aber bald erkennen, dass die Venezianer nicht gewillt waren, auch nur den kleinsten Teil ihres Territoriums abzutreten. So war es kaum verwunderlich, dass sich die Beziehungen des Habsburgers zu Venedig trotz Waffenstillstand nicht wesentlich gebessert hatten.[271] Um im Namen des Kaisers und durch Vermittlung des Papstes dennoch einen möglichst dauerhaften Frieden mit Venedig auszuhandeln, was sich als vergeblich erweisen sollte, wurde Maximilians Vertrauter, der Hof- und Erzbischof Matthäus Lang von Wellenburg, Anfang November 1512 nach Rom entsandt. Bei dieser Gelegenheit schwor Lang im Auftrag seines kaiserlichen Herrn nochmals in aller Form dem Schisma von Pisa ab. Zugleich bestätigte er am 19. November um vier Uhr morgens feierlich den Beitritt des Habsburgers zur Heiligen Liga und unterzeichnete einen Friedens- und Bündnisvertrag mit dem Pontifex. Julius II. empfing Lang mit allen Ehren, denn er benötigte die Autorität des Kaisers im Kampf gegen das Schisma, da er nichts mehr fürchtete als die Aufstellung eines möglichen Gegenpapstes.[272]

---

270 Ebd., S. 100-102
271 Wiesflecker: Kaiser Maximilian I., Bd. 4, S. 104-105
272 Ebd., S. 108-109, S. 111

Um die Jahreswende 1512/13 schien die Lage für den Habsburger zunächst nicht ungünstig zu sein. Frankreich war über die Alpen zurückgeworfen, der Papst und die spanischen Königreiche waren eng mit Maximilian verbündet. Englands König, Heinrich VIII., half dem Kaiser mit großzügigen Darlehen und entsandte zur Unterstützung der Heiligen Liga Truppen an die französische Küste. Venedig war durch den Waffenstillstand gebunden und von daher isoliert.[273]

Mit dem Tod Julius II. im Februar 1513 und der Wahl des friedfertigen, aber kränklichen Leo X. zum Pontifex wurden der Heiligen Liga Kraft und Nachdruck genommen und sie löste sich schließlich im Oktober 1515 wieder auf. Julius hatte durch ein Jahrzehnt hindurch das abendländische Staatensystem entscheidend mitgestaltet. Maximilian befand sich stets in Opposition zu diesem Mann, dennoch kam ihm der Tod des Papstes zu jenem Zeitpunkt eher ungelegen. Auf Grundlage der jüngsten Vereinbarungen des Habsburgers mit Venedig, hätte Julius dem Kaiser eine wertvolle Stütze gegenüber der Signorie sein können. Die Absicht Maximilians, eventuell selbst Papst werden zu wollen, fand bei der Wahl eines Nachfolgers auf dem Stuhl Petri zwar Erwähnung, wurde aber letztlich zu keinem Zeitpunkt ernsthaft in Erwägung gezogen. Zumindest reichte der Einfluss des Kaisers aus, einen Venezianer oder Franzosen verhindern zu können.[274] Mit dem neuen Papst kündigte sich bald eine grundlegende Veränderung der Machtverhältnisse an. Leo X. war vorrangig darum bemüht, die Mächte Europas zu versöhnen. Sein Ziel war der allgemeine Frieden und er beabsichtigte, die christlichen Staaten gegen die Osmanen zu mobilisieren. Der Republik Venedig gedachte er hierbei als „Bollwerk Italiens" einen besonderen Status zukommen zu lassen. Diese neue Situation bewirkte aber eher das Gegenteil und führte – sehr zum Leidwesen Leos – letztlich dazu, dass sich die Signorie rasch mit ihrem einstigen Verbündeten Frankreich zusammenfand und im März 1513 ein neues Schutz- und Trutzbündnis gegen Kaiser und Papst schloss. Nach dem Urteil Ferdinands von Aragón war das unbeirrbare Beharren Maximilians auf Isolation Venedigs wohl der Hauptgrund für den Seitenwechsel der Venezianer.[275]

---

273 Metzig: Kommunikation und Konfrontation, S. 260, S. 262-263
274 Wie Anm. 273, S. 223, S. 225, S. 227
275 Hollegger: Maximilian I., S. 203

Bereits im April 1513 vereinbarten der Kaiser und die Könige von Aragón und England als Antwort auf das neue französisch-venezianische Bündnis in Mecheln einen Beistandspakt für den Kriegsfall, die sogenannte Liga von Mecheln, die mit Hilfe Maximilians diplomatisch erfahrener Tochter Margarethe zustande kam. Dieser Zusammenschluss war quasi eine Neuauflage des „großen Planes" zur Niederwerfung Frankreichs aus dem Jahre 1496. Der Kaiser, der ausgefallene, mitunter auch blasphemische Vergleiche durchaus schätzte, bezeichnete dieses Bündnis zwischen den drei Monarchen als „Dreieinigkeit"[276], das dazu auserkoren sei, den „teuflischen" französischen König in die Hölle zu schicken. Ferdinand von Aragón scherte aus dieser Allianz jedoch bald wieder aus, da er unter größter Geheimhaltung mit dem französischen König Ludwig XII. in Verhandlung trat und einen Waffenstillstand mit ihm schloss, noch ehe ein neuer Waffengang der Bündnispartner mit Frankreich begonnen hatte.[277] Dieses geheime Abkommen sollte allerdings nur für die Pyrenäengrenze Geltung haben und nicht für Italien. Mit größter Wahrscheinlichkeit wollte Ferdinand mit dieser Vorgehensweise seine Eroberungen im Königreich Navarra sichern, das im Jahre 1512 in einen nach Spanien und einen nach Frankreich orientierten Teil zerfallen war. Zugleich bestand sein Ziel aber auch darin, Ludwig aus Italien fernzuhalten. Ein Angriff gegen Frankreich von Süden her war aufgrund des Ausscherens Ferdinands nun nicht mehr möglich. Maximilian sah sich angesichts des in Aussicht stehenden spanischen Erbes genötigt, dieses unerwartete Handeln des Königs von Aragón zu tolerieren.[278]

Als Ludwig XII. aufgrund des Zwiespaltes unter seinen Feinden einen Überfall auf die Lombardei wagte, gelang es den mit dem Habsburger verbündeten Eidgenossen im Alleingang die Franzosen am 6. Juni 1513 bei Novara in der Region Piemont zu schlagen. Frankreichs König musste Italien wieder räumen. Wider Erwarten trat daraufhin der wankelmütige aragonesische König ohne Zögern auf die Seite des Kaisers und der Eidgenossen, um Italien gemeinsam zu ver-

---

276 Die Dreieinigkeit, also „ein Gott in drei Personen", ist abgeleitet aus der Trinitätslehre basierend auf der Heiligen Schrift, die von Gott als Vater, Sohn und Heiligem Geist spricht.
277 Wie Anm. 275, S. 203-204
278 Wiesflecker: Kaiser Maximilian I., Bd. 4, S. 130-131

teidigen. Während Truppenkontingente Ferdinands und der Schweizer in Italien die Stellung hielten, traf Maximilian im August 1513, unweit der Festung Thérouanne bei Artois, mit Englands König Heinrich VIII. zusammen, um gemeinsam gegen Ludwig XII. in den Kampf zu ziehen.[279] Der Habsburger hätte die englische Armee – rund 30.000 Mann – wesentlich lieber zu weiträumigen Feldzügen im Inneren Frankreichs, vorzugsweise gegen Paris, eingesetzt, als für einen mühsamen Festungskrieg. Die vereinigten Heere der Engländer und Kaiserlichen unter Führung Maximilians konnten bei der Belagerung von Thérouanne mit Erfolg den französischen Verpflegungsnachschub sperren, so dass den Franzosen ein Entsatz der Festung nicht gelang und diese in die Hände der Truppen Heinrichs und Maximilians fiel. Zum letzten Mal in seinem Leben sollte der Kaiser hier die Genugtuung eines Sieges erleben, noch dazu an einem Ort, in dessen Nähe er einst seinen ersten Schlachtensieg errungen hatte.[280] Eine weitaus gravierendere Niederlage bereiteten die Eidgenossen den Franzosen im sogenannten „Dijonerzug" vom September 1513. Hier gelang den Schweizern ein erfolgreicher Feldzug gegen die Stadt Dijon in Hochburgund, die bereits nach wenigen Tagen der Belagerung kapitulieren musste. Im Friedensvertrag – dem Frieden von Dijon –, der am 13. September zustande kam, wurden alle Forderungen der Eidgenossen erfüllt. Frankreich verzichtete auf Mailand, Cremona sowie Asti und hatte eine Kriegsentschädigung in Höhe von 400.000 Sonnenkronen (französische Goldmünzen) zu begleichen. Mit diesem, wie Maximilian meinte, „erkauften" Frieden zogen die verbündeten Schweizer zurück in ihre Heimat. Den Kaiser ergriff der Übermut, denn er glaubte, Frankreich nun endlich bezwingen zu können. Der von ihm anvisierte und stets wiederkehrende Plan eines „Marsches auf Paris" sollte auch dieses Mal reines Wunschdenken bleiben.[281]

---

279 Metzig: Kommunikation und Konfrontation, S. 226-227
280 Hollegger: Maximilian I., S. 204
281 Wiesflecker: Kaiser Maximilian I., Bd. 4, S. 131-132

Kampf um Venedig, Wechsel der Bündnisse und Wiener Doppelhochzeit

Als sich Heinrich VIII. wenig später darauf auf den Rückmarsch machte, um den Sieg seiner Heimatarmee gegen die Schotten militärisch und politisch weiter auszunützen, wandte sich Maximilian erneut Operationen in Italien zu. Im Verbund mit Ferdinand von Aragón wollte er nun endlich Venedig unterwerfen. Ferdinand ließ sich ohne Zögern auf einen gemeinsamen Feldzug mit dem Habsburger ein. Alles, was dem gemeinsamen Erbe beider Dynastien schaden könnte, sollte fortan vermieden werden. In einem wahren Plünderungszug bewegten sich bald darauf kaiserliche und aragonesische Truppen an Padua vorbei, das sie nicht zu erobern vermochten. Am 30. September 1513 brannten sie die unweit Venedigs gelegene Stadt Mestre nieder. Von Mestre aus beschoss die kaiserliche Artillerie sogar Venedig, wobei diese Aktion allenfalls kurzfristig Schrecken verbreitete, auf lange Sicht aber wenig auszurichten vermochte. Die Lagunenstadt war uneinnehmbar. Auch Handelssperre und Hungerblockade konnten der Stadt keinen wirklichen Schaden zufügen.[282]

Die Signorie hoffte inständig, das brandschatzende und plündernde kaiserlich-aragonesische Heer nordwestlich von Venedig, bei Vicenza, einkreisen und schlagen zu können. Doch den vereinigten Truppen beider Monarchen gelang am 7. Oktober 1513 in einer hart erkämpften Ausbruchsschlacht der freie Abzug, wobei sich insbesondere die Landsknechte unter Führung Georg von Frundsbergs hervortaten. Die Tapferkeit und List der Landsknechte wurden allgemein gerühmt. „Je mehr Feind, je mehr Glück"[283] soll der Tagesbefehl Frundsbergs da-

---

282 Ebd., S. 133-134
283 Georg von Frundsberg in der Schlacht bei Vicenza am 7. Oktober 1513, zit. nach: Dieter Mertens, Werner Wilhelm Schnabel, Theodor Verweyen (Hrsg.): Julius Wilhelm Zincgref. Gesammelte Schriften. Apophthegmata teutsch, 2 Bde., Berlin-Boston 2011, Bd. 1, S. 129

mals gelautet haben. In diesem auch als „Schlacht von La Motta" bezeichneten Gefecht wurden die Venezianer trotz Übermacht so empfindlich geschlagen, dass sie sich im ersten Schock flehend an den Papst wandten, er möge einen Frieden oder Waffenstillstand mit dem Kaiser vermitteln. Der Habsburger wäre zu diesem Zeitpunkt durchaus bereit gewesen, einen Waffenstillstand zu schließen, aber nicht ohne jeglichen territorialen Gewinn.[284] Ebenso wie der aragonesische König, dachte auch Maximilian in erster Linie an die geographische Lage Italiens, eben jene strategisch so überaus wichtige Landverbindung zwischen den habsburgischen Erblanden und den spanischen Ländern seiner zukünftigen Erben. Letztlich war der Kaiser aus eben diesem Grund nicht bereit, sich auf einen endgültigen Frieden mit der Signorie einzulassen. Immer noch hoffte er, von ihm begehrte Gebiete in Venetien für sein Haus sichern zu können.[285]

Schien der Sieg bei Vicenza dem Monarchen auch neuen Mut gemacht und sein Ansehen wieder gesteigert zu haben, so zollten die Feldzüge der vergangenen Jahre ihren gesundheitlichen Tribut. Maximilian fühlte sich alt, verbraucht und mitunter dem Tode nah. So manches Mal hatte er zehn Stunden lang im Sattel seines Hengstes gesessen. Erkältungen und Fieber plagten ihn öfter als früher. Auch ein altes Fußleiden machte ihm verstärkt zu schaffen und ließ ihn ein Ende der Kampfhandlungen herbeisehnen. Alle Kriegsparteien erhofften sich nach den langen Kriegsjahren gegen Ende des Jahres 1513 einen Frieden, doch keine Partei war zu den notwendigen Zugeständnissen bereit.[286]

Der Papst konnte zwar einen neuen Waffenstillstand zwischen der Signorie und dem Habsburger vermitteln, der kraft seines Schiedsspruches am 4. März 1514 von beiden Seiten angenommen wurde, doch sollte dieser nicht lange währen. Schon bald hatten sich die Venezianer von der schweren Niederlage bei Vicenza erholt und lehnten, unnachgiebiger als zuvor, jede Abtretung von Territorium an den Kaiser ab. Da auch Leo X. letzten Endes eher die Sache Venedigs zu begünstigen schien, war es wenig verwunderlich, dass dieser halbherzig geschlossene Waffenstillstand binnen kurzer Zeit wieder aufgekündigt

---

284 Hollegger: Maximilian I., S. 206
285 Wiesflecker: Kaiser Maximilian I., Bd. 4, S. 136-137
286 Wie Anm. 284, S. 207

wurde und der Kampf einen noch erbitterteren Fortgang nahm als zuvor. Maximilian rüstete sich für einen letzten, entscheidenden Waffengang. Der ihm treu ergebene Tiroler Landtag bewilligte dem Monarchen für dieses Unternehmen 50.000 Gulden.[287]

Da die Gelegenheit zu einem günstigen Verhandlungsfrieden somit vertan war, versuchte der Kaiser nun im Frühjahr 1514 mit einem Großangriff das venezianische Festland zu erobern und die Republik Venedig auf diese Weise zu einem dauerhaften Frieden zu bringen. Auch wenn Maximilian alle verfügbaren Geldmittel aus den österreichischen Erblanden heranzuziehen versuchte, erwiesen sich die kaiserlichen Soldaten als zu schwach. Es gelang ihm zwar, die Stadt Marano in Venetien zu erobern und den Zusammenbruch seiner Armee zu verhindern, doch gewannen die Venezianer ganz Friaul im Nordosten Italiens zurück, das seit dem Jahre 1420 zur Stadtrepublik gehört hatte. Allzu gern hätte Maximilian sich dieses Gebiet, das im Norden an Kärnten grenzt, dauerhaft gesichert. Venedig kämpfte um seine Existenz und dem Kaiser ging es bei diesem Kampf in erster Linie, wie er selbst sagte, um „honneur et prouffit".[288] Letztlich sollte es der Republik Venedig gelingen, sich in diesem noch nahezu drei Jahre andauernden Krieg sowohl gegen den Kaiser, als auch gegen den französischen König und den Papst zu behaupten.[289]

Bald schon kündigte sich aufgrund der verfahrenen Situation in Italien ein Bündniswechsel des Kaisers an – eine Rückkehr in das französische Lager. Dieser erneute Wechsel schien einen günstigen Abschluss des Italienkrieges zu versprechen, den Maximilian nicht mehr länger durchzuhalten vermochte. König Ferdinand von Aragón sollte bei den Verhandlungen mit dem französischen Monarchen zur treibenden Kraft werden. Obgleich der Habsburger diesem Plan mißtraute, war er aufgrund des in Aussicht stehenden spanischen Erbes gezwungen, Ferdinand entgegenzukommen. Am 13. März 1514, neun Tage nach dem gescheiterten Waffenstillstand mit Venedig, kam zwischen Ludwig XII., Maximilian und dem mit ihm verbündeten König Aragóns in Orléans ein Waffenstillstand zustande. Der englische Monarch fühlte sich angesichts dieses überraschenden Bündniswechsels

---

287 Wie Anm. 285, S. 139-140
288 Zit. nach: Wiesflecker: Kaiser Maximilian I., Bd. 4, S. 142
289 Wie Anm. 285, S. 140-142

vom Kaiser hintergangen, der kurzerhand zugunsten des neuen Bundes mit Frankreich den Pakt mit dem Inselreich aufgekündigt hatte. Heinrich VIII. seinerseits ging von daher nur allzu gerne auf die Offerte des französischen Königs ein, mit ihm ein separates Bündnis einzugehen. Papst Leo X. unterstützte ohne Umschweife diesen diplomatischen Coup einer englisch-französischen Allianz, da er die Entstehung einer spanisch-habsburgischen Großmacht in Italien fürchtete.[290]

Mit der Thronbesteigung von Franz I. in Frankreich zu Jahresbeginn 1515, nahm der Krieg in Italien eine völlig unerwartete Wendung. Auch dem neuen König schlug man eine einvernehmliche Teilung Italiens vor, wobei die Anteile der spanischen Krone, Reichsitalien und das habsburgische Hausgut alles in allem ein durchaus ansehnliches „Königreich Italien" abgegeben hätten. Frankreich, das stets die bedrohliche Umklammerung durch Habsburger und Spanier fürchten musste, sah in Italien vorrangig das Bindeglied jenes habsburgisch-spanischen Machtblockes und war von daher nicht willens, sich von seinem alten Bundesgenossen Venedig loszusagen. Der junge französische König vertraute auf sein eigenes Waffenglück und setzte sich – wie seine Vorgänger – zunächst die Eroberung Mailands, dann Neapels zum Ziel.[291] Für ihn war die Rückgewinnung einer festen Position seines Hauses in Italien von überragender Bedeutung. Mit dem Sieg des eidgenössischen Heeres über die Franzosen in der Schlacht bei Novara im Juni 1513 war Mailand – das seither unter dem Protektorat der Eidgenossen gestanden hatte – der französischen Krone verloren gegangen. Voll Tatendrang und vom Ehrgeiz getrieben, überquerte Franz die Alpen. In der zweitägigen Schlacht unweit des lombardischen Marignano am 13. und 14. September 1515 schlug er, dank seines taktischen Geschicks und der überlegenen Feuerkraft seiner Artillerie, die im Dienst des Herzogs von Mailand, Massimiliano Sforza, kämpfenden und von ihren kaiserlichen, aragonesischen und päpstlichen Verbündeten verlassenen Schweizer. Das Herzogtum Mailand ging nun wieder in französischen Besitz über. Diesen Sieg hatten in erster Linie deutsche Landsknechte, die als sogenannte „Schwarze Garden" im Sold Frankreichs standen, errungen.[292]

---

290 Metzig: Kommunikation und Konfrontation, S. 260
291 Ebd.
292 Hollegger: Maximilian I., S. 208-209

Maximilian blieb nichts anderes übrig, als den Franzosenkönig in Italien gewähren zu lassen, denn er war bis August jenen Jahres mit dem Abschluss eines überaus engen Bündnisses zwischen Ungarn und Österreich befasst gewesen. Nach langwierigen Verhandlungen war es ihm gelungen, eine Doppelhochzeit zu arrangieren, die dereinst von größter Tragweite für das Haus Habsburg werden sollte. Bei der sogenannten Wiener Doppelhochzeit am 22. Juli 1515 wurden im Wiener Stephansdom Ludwig, der neunjährige Sohn des ungarischen Königs Wladislaw, mit der gleichaltrigen Enkelin Maximilians, Maria, sowie der Kaiser stellvertretend für seinen Enkel Ferdinand mit Anna, der Tochter Wladislaws, vermählt. Der Ungarnkönig, der seine aufsässigen Magnaten kaum weniger fürchten musste als den kampfbereiten Sultan Selim, sah in der engen Verbindung beider Dynastien die Rettung Ungarns vor den Türken. Im Freundschaftsvertrag vom 3. August 1515 – wenige Tage nach Abschluss der Hochzeitsfeierlichkeiten – sicherten sich beide Monarchen gegenseitige Unterstützung bei Bedrohung durch das Osmanische Reich zu.[293]

Während sich der Kaiser noch in Wien aufhielt, hatte ein erneuter Überfall des französischen Königs auf die Lombardei im September 1515 Italien vollkommen unvorbereitet getroffen. Auch der Papst kam nicht umhin, sich nach der Schlacht von Marignano dem Diktat des Siegers zu beugen. Auf Grundlage des Konkordats von Bologna, das im Dezember des Jahres 1515 verabschiedet werden sollte, wurde Leo X. verpflichtet, fortan die Rechte der gallikanischen Kirche mit dem König von Frankreich zu teilen. Franz I. benötigte den Papst zudem als Verbündeten gegen den Kaiser und den König von Aragón, denn die habsburgisch-spanische Partei gab sich nach der Niederlage der mit ihnen verbündeten Eidgenossen bei Marignano keineswegs geschlagen. Der bereits vom Tod gezeichnete aragonesische König bemühte sich, dem siegreichen Frankreich im Herbst des Jahres 1515 eine neue Allianz – bestehend aus Aragón, dem Reich und der Schweiz – entgegenzustellen, da er fürchten musste, Franz I. werde womöglich auch das mit ihm in Personalunion verbundene Neapel angreifen. Selbst England schloss sich bereitwillig diesem Bund – letztlich eine Neuauflage

---

293 Vocelka: Europäisierung der habsburgischen Hausmachtpolitik, in: Herbers, Schuller (Hrsg.): Europa im 15. Jahrhundert, S. 210-211

der Liga von Mecheln – an, den auch Leo X. insgeheim unterstützte. Die Bündnispartner planten einen neuen Feldzug gegen Frankreich, den der Kaiser – seine Kräfte bei weitem überschätzend – persönlich anführen wollte.[294] Der Tod Ferdinands im Januar 1516 war für die Partner der Allianz ein schwerer Schlag, da er alle Feldzugspläne gegen Frankreich zunichte machte. Der verstorbene Monarch hatte großzügige Hilfsgelder und vor allem militärische Unterstützung für das Unternehmen in Aussicht gestellt. Thronfolger und Alleinerbe beider spanischen Königreiche war Ferdinands beziehungsweise Maximilians Enkel, der spätere Kaiser Karl V., der als Karl I. das vereinigte Königreich Spanien begründete. Die Personalunion zwischen Aragón und Kastilien, die bereits im Jahre 1469 durch die Heirat der sogenannten „Katholischen Könige" Ferdinand und Isabella begonnen hatte, wurde nun durch die Nachfolge Karls auf beiden Thronen vollendet. Maximilians Enkel war fortan ausschließlich mit seinem Erbe befasst – zu dem auch der Kolonialbesitz in der Neuen Welt gehörte – und ließ dem Großvater bei seinen militärischen Operationen in Italien keine Hilfe zuteilwerden. Dieses Verhalten werde in den Annalen Karls als „boess stückle"[295] unvergessen bleiben, tadelte ihn der Kaiser. Karl folgte ganz der an Frankreich orientierten Politik seines burgundischen Rates und sollte mit Franz I. auf schnellstem Weg Frieden schließen.[296]

Dem seit geraumer Zeit kränklichen Kaiser gelang es im Frühjahr 1516 zwar mit äußerster Kraftanstrengung einen Feldzug gegen das unter französischer Herrschaft stehende Mailand voranzutreiben, kam aber mit seinen Truppen vor der gut befestigten Stadt zum Stehen. Mochte der Habsburger auch über rund 14.000 Landsknechte und Reiter, schweres Gerät sowie rund 100 leichte Geschütze verfügen, so fehlten ihm für eine Belagerung oder gar Erstürmung mauerbrechende Geschütze. Hinzu kam, dass er kaum mehr in der Lage war, das Soldgeld für die nächsten zwei Wochen aufzubringen. Maximilian war nur allzu bewusst, dass er seine für einen Erfolg unverzichtbaren Lands-

---

294 Hollegger: Maximilian I., S. 209-210
295 Aus einem Bericht Kaiser Maximilians an seinen Schatzmeister Jakob Villinger von Schönenberg vom Juni 1516, zit. nach: Wiesflecker: Kaiser Maximilian I., Bd. 4, S. 241
296 Ferenc Majoros: Karl V. Habsburg als Weltmacht, Graz-Wien-Köln 2000, S. 25, S. 29-30

knechte in Kürze nicht mehr würde bezahlen können. Geldmangel, Enttäuschung und Krankheit scheinen den Kaiser derart zermürbt zu haben, dass er den Feldzug abbrach und seine Truppen nach Tirol zurückführte. Der desaströse Ausgang dieses Unternehmens war ein bitteres Erlebnis, eine einzige Demütigung für den gealterten und kranken Kaiser. Schwere gesundheitliche Probleme machten ihm derart zu schaffen, dass er Mühe hatte, sein Pferd zu besteigen.[297]

---

297 Wie Anm. 294, S. 210

Exkurs: "Gedechtnus" – Konzeption eines Erinnerungswerkes am Beispiel des „Weißkunig"

In jenen Jahren des fortwährenden Kampfes und der sich anbahnenden Niederlage besann sich der von Krankheit geplagte, melancholische Kaiser seines „Gedächtnisses", des Bildes seiner Person und seiner Taten. Das von ihm konzipierte Erinnerungswerk, wie er es unter das Volk bringen und sich selbst der Nachwelt präsentieren wollte, gedachte er nicht seinen Feinden oder Widersachern zu überlassen. Maximilians Übermaß an Phantasie fand Ausdruck in seinen autobiographischen und graphischen Werken zur Verherrlichung des Kaisertums, seiner Person, seines Hauses und seines Schaffens. Hier konnte er seinem schwärmerischen, nach Gestaltung drängendem Geist freien Lauf lassen, hier gab es keine Grenzen.[298] Das Streben Maximilians, sich noch zu Lebzeiten ein Gedächtniswerk zu schaffen, wird in seinen Schlussworten zum „Weißkunig" nur allzu deutlich: „Wer ime im leben kain gedechtnus macht, der hat nach seinem tod kain gedechtnus und desselben menschen wird mit dem glockendon vergessen …"[299]

Der „Weißkunig" gehört neben dem „Theuerdank" zu den beiden autobiographischen Werken Kaiser Maximilians und knüpft an mittelalterliche Herrschertypologie an. Als Vorbild diente hier mit größter Wahrscheinlichkeit die Chronik des am burgundischen Hof tätigen Biographen und Buchillustrators Jean Molinet.[300]

Maximilians persönlicher Anteil an der Entstehung der einzelnen Werke ist schwer zu bestimmen und wird inzwischen weit zurückhaltender bewertet, als es die ältere Forschung noch sah. So sind etwa neben eigenhändigen Notizen des Kaisers auch Anweisungen für Holz-

---

298 Alexander Kagerer: Macht und Medien um 1500. Selbstinszenierungen und Legitimationsstrategien von Habsburgern und Fuggern, Berlin-Boston 2017, S. 70-73
299 Aus dem „Weißkunig" Kaiser Maximilians I., zit. nach: Jan-Dirk Müller: Gedechtnus. Literatur- und Hofgesellschaft um Maximilian I., München 1982, S. 25
300 Wie Anm. 298, S. 78, S. 113

schnitte vorhanden, die den Text bereichern sollten. Dem Sekretär Maximilians, Marx Treitzsaurwein, kam beim "Weißkunig-Projekt" zwischen 1505 und 1516 die Aufgabe zu, in enger Absprache mit dem Kaiser – quasi als „Ghostwriter" –, Ereignisse aus dem Leben des Habsburgers niederzuschreiben und in griffigen Kapiteln zu gliedern.[301]

Das Werk besteht aus drei Teilen – einer Mischung aus Heldenroman, Chronik und Fürstenspiegel. Im ersten Teil werden Brautwerbung und Kaiserkrönung Friedrichs III., des Vaters Maximilians, geschildert. Im Anschluss daran berichtet die Erzählung von Geburt, Kindheit und Jugend Maximilians sowie in einem dritten Teil von dessen Herrschaft und Kriegstaten, wobei das höfisch-ritterliche Leben hier einen besonderen Stellenwert einnimmt. Mit der Schlacht von Vicenca Anfang Oktober 1513 bricht das Werk ab.[302]

Wie beim „Theuerdank" auch sind die Namen der Protagonisten im Text verschlüsselt. Friedrich III. tritt als der „alte weiße König", Maximilian als der „junge weiße König" in Erscheinung. Die Bezeichnung „Weißkunig" meint aber nicht nur den „weisen" König, sondern bezieht sich ebenso auf die Farbe Weiß, die Maximilian im Turnier trug.[303]

Text und Bild, so die Intention, sollten bei diesem Geschichtswerk eine untrennbare Einheit bilden und sich gegenseitig ergänzen. Maximilian habe als Mitgestalter seiner Werke, so heißt es in den Anweisungen des Kaisers, „… zu der geschrift gestellt figuren, gemalt, damit das der leser [...] mit [...] mund und augen mag versten den Grund dises gemelds meines puechs [...]."[304]Der „Weißkunig" wurde mit 251 Holzschnitten nach Zeichnungen von Hans Burgkmair d. Ä., Leonard

---

301 Jörg Jochen Berns: Gedächtnis und Arbeitsteiligkeit. Zum gedechtnus-Konzept Maximilians im Kontext mnemonischer Programme und enzyklopädischer Modelle seiner Zeit, in: Jan-Dirk Müller, Hans-Joachim Ziegeler (Hrsg.): Maximilians Ruhmeswerk. Künste und Wissenschaften im Umkreis Kaiser Maximilians I., Berlin-Boston 2015, S. 71, S. 73-75
302 Wie Anm. 298, S. 90-94, S. 98-99
303 Björn Reich: Maximilian und die Leerstelle: Einige Gedanken zur Poetik von Maximilians *gedechtnus*-Werken, in: Helmrath, Kocher, Sieber (Hrsg.): Maximilians Welt, S. 94-96
304 Aus den Anweisungen Maximilians an seinen Sekretär Marx Treitzsaurwein, zit. nach: Müller: Gedechtnus, S. 80

Beck sowie Hans Schäuffelein illustriert. Die gesamte Erzählung ist auf das Bildmaterial zugeschnitten. Auch hier sorgte Treitzsaurwein dafür, dass Text und Bild übereinstimmten. In erster Linie ging es bei den Werken Maximilians, so auch beim „Weißkunig", darum, den „splendor maiestatis" mit Hilfe von Text und Ausstattung hervorzuheben. Hierzu eigneten sich reproduzierbare Holzschnitte besonders gut.

Maximilians Werk „Weißkunig" blieb unvollendet und geriet über die Jahrhunderte in Vergessenheit. Erst im Jahre 1775 wurde es in seiner unvollendeten Form in Wien veröffentlicht – rund 260 Jahre nach Maximilians aufreibendem Kampf in Italien.[305]

---

305 Elke Anna Werner: Kaiser Maximilians *Weißkunig*. Einige Beobachtungen zur Werkgenese der Illustrationen, in: Müller, Ziegeler (Hrsg.): Maximilians Ruhmeswerk, S. 349-350

Ende des Venezianerkrieges, Frieden mit Frankreich und Reichstag zu Mainz 1517

Von den schweren Niederlagen des Kaisers verdeckt, erhob sich nahezu unbemerkt die neue Großmacht seines Enkels Karl – das Königreich Spanien mit ausgedehntem Kolonialbesitz in der Neuen Welt. Mochte der junge spanische König seine Macht auch zunächst bescheiden zurückhalten, so war er doch keinesfalls gewillt, auf Ansprüche seines Hauses – am allerwenigsten in Italien, das nach seinen Vorstellungen dereinst die spanischen und deutschen Territorien der Habsburger verbinden sollte – dauerhaft zu verzichten. Zu ebenjenem Zeitpunkt erschien es ihm aber opportun, eine einvernehmliche und friedliche Lösung mit allen Nachbarländern zu suchen. Gegen den Willen seines Großvaters setzte Karl am 13. August beziehungsweise am 3. Dezember 1516 die Verträge von Noyon und Brüssel durch, die den Frieden mit Frankreich wie auch den Waffenstillstand mit Venedig besiegelten. Dem König von Spanien wurde allerdings das Versprechen abverlangt, beim Kaiser den Verzicht auf das strategisch so wichtige Verona zu erwirken. Die Stadt sollte gegen eine Zahlung von 200.000 Goldkronen in den Besitz der Signorie übergehen. Maximilian konnte dieser aufgezwungenen vertraglichen Vereinbarung nichts entgegensetzen, geschweige denn diese verhindern. Um dem Kaiser die Unterschrift unter dieses Vertragswerk abzuringen, bedurfte es der vereinten Kraft aller einflußreichen Hofleute. Mit dem Ende des Venezianerkrieges waren de facto alle weiteren Kampfhandlungen in Italien aussichtslos geworden. Der Kaiser sah sich nun gezwungen, seine letzten Positionen vor Ort zu räumen.[306]

Dies war für Maximilian eine überaus bittere Erfahrung, sich noch zu Lebzeiten der Politik seines Nachfolgers Karl und dessen burgundischen Rates unterwerfen zu müssen. Verona, das er dem Erbland Tirol

---

306 Wiesflecker: Kaiser Maximilian I., Bd. 4, S. 252, S. 255-256

hatte zuschlagen wollen, war damit verloren. Das Herzogtum Mailand verblieb in französischer Hand. Da den Kaiser die mit genanntem Vertragswerk verbundenen Gebietsverluste und die Aussichtslosigkeit seines Tuns über die Maßen erschütterten, zog er sich für mehrere Tage von aller Welt zurück. Am allermeisten schmerzte ihn freilich der beschämende und wenig ruhmreiche Ausgang des Kampfes um Venedig. Bei diesem langjährigen Ringen mit der Lagunenstadt konnte der Habsburger letztendlich nur die kleineren Grenzorte Riva, am Nordufer des Gardasees, sowie Rovereto und Ala im Trentiner Etschtal, die bislang allesamt unter venezianischer Herrschaft gestanden hatten, für sein Haus hinzugewinnen.[307]

Der Venezianerkrieg war zweifellos einer der längsten, schwersten und verlustreichsten Kampfhandlungen vor dem Dreißigjährigen Krieg. Erstmals waren Massenheere gegeneinander angetreten und die Opferzahlen dieses Krieges gingen in die Zehntausende. Ganze Landstriche waren in den Kampfgebieten Friauls und Oberitaliens verödet. Zahlreiche Städte und Dörfer waren gebrandschatzt und mitunter sogar dem Erdboden gleichgemacht worden. Felder blieben über Jahre hinweg unbestellt, so dass Hungerepidemien vielfach die Folge waren.[308]

Nicht nur das achtjährige Ringen um Venedig, sondern die Kriege in Italien insgesamt hatten auch den österreichischen Erblanden erheblich zugesetzt. Zwar war das Erzherzogtum Österreich nicht unmittelbar von den Kriegsereignissen betroffen gewesen, hatte aber unter Handelsausfall und Plünderungen durchziehender Truppen sowie Hungersnöten oder Seuchen zu leiden gehabt. Die Landstände zeigten sich aufgrund dieser Entwicklung höchst unzufrieden und sahen ihren Landesherrn, Erzherzog Maximilian, in der Schuld. Bürger wie Bauern litten unter der hohen Steuerlast, beklagten die rasch fortschreitende Geldentwertung. In den Kassen der Erbländer hatten die langen Kriegsjahre massive Löcher hinterlassen, denn der Kaiser war gezwungen gewesen, Truppen und Kapital fast ausschließlich aus Mitteln seines Kammergutes aufzubringen. Auch wenn er die Erträge seiner Bergwerke als Pfand einsetzte, überstieg die Schuldenlast, die er ange-

---

307 Wie Anm. 306, S. 251, S. 253-254
308 Hollegger: Maximilian I., S. 211

häuft hatte, die gesamten Einnahmen eines Jahres aus den Erbländern und dem Reich etwa um das Zehnfache.[309] Es gab damals wohl kaum Zeitgenossen, die die Großmachtpolitik Maximilians besonders gepriesen hätten. In der Tat stellte sich die Frage, ob der Preis, den gerade die österreichischen Erblande für den Aufbau eines habsburgischen Weltreiches zu zahlen hatten, nicht zu hoch war, zumal Spanien daraus letztlich den eigentlichen Vorteil ziehen konnte.[310] Ein Universaldominat des Hauses Habsburg, der Europa nahezu zwei Jahrhunderte beherrschen sollte, war trotz aller militärischen Mißerfolge des Kaisers nicht mehr aufzuhalten. Die innere Zerrüttung und Ohnmacht des Reiches hatten auf diese Entwicklung eher noch fördernde Wirkung.[311]

Mit Beilegung des Konfliktes in Italien, gelang es Maximilian nach vierjähriger Pause im Sommer des Jahres 1517 die Stände endlich wieder auf einem Reichstag zu versammeln. Von Ende Juni bis Ende August tagten die Reichsstände in Mainz. Während der jahrelangen Feldzüge des Kaisers waren die Landfriedensbrüche, die Fürstenfehden, die Raubzüge verarmter Ritter, die bürgerkriegsähnlichen Zustände in den Reichs- und Bischofsstädten sowie die Bauernaufstände auf dem Land untragbar geworden. Maximilian brachte zum wiederholten Mal den Vorschlag ein, dass der Ritterstand in den unmittelbaren Dienst des Reiches übernommen werden und ihm fortan die Sicherung des Landfriedens wie auch die Vollstreckung von Gerichtsurteilen übertragen werden sollte. Doch der Vorschlag des Kaisers, der den Reichstag nur aus der Ferne verfolgte, fand bei den Versammelten kein Gehör und so wurde der Tag zu Mainz ohne Abschied aufgelöst und alle vorgebrachten Verhandlungspunkte auf den nächsten Reichstag verschoben.[312]

---

309 Ebd., S. 232-233
310 Metzig: Kommunikation und Konfrontation, S. 342-343
311 Vocelka: Europäisierung der habsburgischen Hausmachtpolitik, in: Herbers, Schuller (Hrsg.): Europa im 15. Jahrhundert, S. 204-205, S. 212
312 Wiesflecker: Kaiser Maximilian I., Bd. 4, S. 280-282

Augsburger Reichstag 1518 – Türkenfrage und Nachfolge im Reich

Mißmutig und kränklich begab sich Maximilian bald darauf nach Baden bei Wien, um hier in den Heilbädern Linderung von seinen Leiden zu finden – jedoch vergeblich. Das letzte Lebensjahr des Kaisers war erfüllt von rastloser Tätigkeit. Noch einmal nahm er seine ganze Kraft zusammen, um auf dem Augsburger Reichstag, der vom 7. Juli bis 14. Oktober 1518 tagte, – seinem letzten, aber zugleich einem der glänzendsten – zu einem Kreuzzug gegen die Osmanen aufzurufen und die Nachfolge seines Enkels Karl im Reich in die Wege zu leiten. Die Hauptfrage, mit der sich der Reichstag befasste und die im Fokus öffentlicher Erregung stand, war freilich der Plan eines Kreuzzuges gegen die Türken. Aufgrund ihrer Grenzlage waren die Erblande der Habsburger im Fall einer osmanischen Invasion unmittelbar betroffen. Die Reichsstände waren jedoch nicht gewillt, diese Frage im Detail zu erörtern und standen einem Kreuzzugsvorhaben von Anfang an ablehnend gegenüber. Insbesondere die Verbindung der Kreuzzugsfrage mit Steuerforderungen, Ablass und Sakramentsempfang erregte die Stände, da der Ablasskrieg, den die Thesen Luthers ausgelöst hatten, bereits hohe Wogen nach Augsburg schlug.[313]

Tatsache war, dass der eher kriegerische Sultan Selim I. seit Zurückschlagung der Perser sowie der Eroberung Syriens und Ägyptens zu einem Großangriff gegen das Abendland rüstete. Auch Papst Leo X. war darum bemüht, die christlichen Könige und Fürsten gegen die Osmanen zu einigen. Maximilian musste bald erkennen, dass ein Krezzug

---

313 Christoph Böhm: Die Reichsstadt Augsburg und Kaiser Maximilian I. Untersuchungen zum Beziehungsgeflecht zwischen Reichsstadt und Herrscher an der Wende zur Neuzeit (Abhandlungen zur Geschichte der Stadt Augsburg, Bd. 36), Sigmaringen 1998, S. 197-199

nicht nur am Widerstand der Reichsfürsten, sondern auch am gegenseitigen Mißtrauen der Großmächte scheitern würde.[314]

Ohne jede Auseinandersetzung einigten sich Kaiser und Fürsten hingegen auf die Rezeption des Römischen Rechts, das beim Volk wenig beliebt war. Das Kammergericht sollte fortan nach dem allgemeinen sowie nach dem kaiserlichen Recht – heißt Römischen Recht – verhandeln und Urteile fällen. Das Römische Recht war somit offiziell als Reichsrecht anerkannt worden, was weitreichende Folgen hatte. Die überlieferten Landrechte waren damit aber keineswegs völlig abgeschafft.[315] Ansonsten gelang es auch auf diesem Reichstag nicht, die Reichsreform weiter voranzubringen. Einziger wirklicher Erfolg des Augsburger Reichstages war der positive Ausgang der Wahlverhandlungen zur Sicherung der Nachfolge Maximilians auf dem Kaiserthron. Binnen weniger Wochen war es dem Kaiser gelungen – allerdings nicht ohne horrende Bestechungsgelder – die Mehrzahl der Kurfürsten für die Wahl seines Enkels Karl zum römisch-deutschen König zu gewinnen. Jakob Fugger stellte die hierfür notwendigen Darlehen zur Verfügung. Zusätzlich investierte Maximilian auch österreichische Gelder in die Wahlwerbung. Dieser Erfolg hatte für den Kaiser oberste Priorität, da er jede Gefährdung der habsburgischen Nachfolge im Reich ausschließen wollte. Erzherzog Ferdinand, der Bruder Karls, sollte zukünftig nach dem Willen des Großvaters die österreichischen Erblande regieren.[316]

Der Kaiser war zu diesem Zeitpunkt, im Sommer 1518, müde, krank, weit über die Jahre gealtert und dieser Welt seit längerem entrückt. So hat ihn Albrecht Dürer, der als Vertreter der Stadt Nürnberg am Augsburger Reichstag teilnahm, im Porträt festgehalten.[317] Am 28. Juni 1518 ließ sich der Habsburger „… zw Awgspurg hoch oben

---

314 Soykut: Mutual Perceptions, in: Helmrath, Kocher, Sieber (Hrsg.): Maximilians Welt, S. 140, S. 147
315 Heil: Maximilian I. und das Reich, in: Schmidt-von Rhein (Hrsg.): Kaiser Maximilian I., S. 102
316 Wiesflecker: Kaiser Maximilian I., Bd. 4, S. 391-392, S. 403-404
317 Friedrich Polleroß: Tradition und Innovation. Kaiser Maximilian I. im Porträt, in: Eva Michel, Maria Luise Sternath (Hrsg.): Kaiser Maximilian I. und die Kunst der Dürerzeit, München-London-New York 2010, S. 110

awff / der pfaltz in seinem kleinen stüble ..."³¹⁸, also in der alten Bischofsfeste, von Dürer zeichnen. Die hier entstandene Kreidezeichnung sollte als Vorlage für einen Holzschnitt sowie für zwei Ölgemälde dienen.

---

318 Aus Albrecht Dürers Beschriftung der Kreidezeichnung Kaiser Maximilians, zit. nach: Michel, Sternath (Hrsg.): Kaiser Maximilian I., S. 292

Krankheit, Tod und Erbe

Bereits in gedrückter Stimmung – desillusioniert und niedergeschlagen – hatte der Kaiser seinen letzten Reichstag geleitet. Als er sich vom sächsischen Kurfürsten, Friedrich dem Weisen, verabschiedete, bemerkte der Theologe Georg Spalatin, Beichtvater und Vertrauter Friedrichs, dass der Kaiser „am Leib und Gesund baufällig"[319], ein Bein nachzog – vermutlich die Folge eines Schlaganfalles. Dies war wohl auch der Grund, weshalb der Monarch nicht mehr in der Lage war, ein Pferd zu besteigen.[320]

Verstimmt und verbittert verließ Maximilian am 23. September 1518 Augsburg. Auf dem Lechfeld, beim letzten Anblick der Mauern und Türme soll er von der geliebten Stadt wehmütig mit den Worten Abschied genommen haben: „Segne dich Gott, du liebes Augsburg; wohl haben wir manchen guten Tag in dir gehabt, nun werden wir dich nicht mehr sehen"[321]. Todesahnungen begleiteten ihn, denn seit Jahren führte der Kaiser auf Reisen seinen Sarg mit sich, in dem er neben den Chroniken seines Hauses auch wichtige Akten verwahrte. Scherzhaft sprach er von seiner „Schatztruhe". Noch in Augsburg hatte er seinen Beichtvater, den Kartäusermönch Gregor Reisch, einen Vertreter des spätscholastischen Realismus, von Freiburg im Breisgau, wo dieser Prior des Klosters am Johannisberg war, nach Wels beordert. Zunächst reiste der Monarch nach Tirol, seinem bevorzugten Erbland, um sich hier in den Bergen möglicherweise etwas von seinen Leiden zu kurieren. In Innsbruck wurde der Habsburger jedoch mit einem be-

---

319 Aus den Aufzeichnungen Georg Spalatins, zit. nach: Christian G. Neudecker, Ludwig Preller (Hrsg.): Georg Spalatin's historischer Nachlaß und Briefe. Aus den Originalschriften, 2 Bde., Jena 1851, Bd. 1, S. 51
320 Wiesflecker: Kaiser Maximilian I., Bd. 4, S. 421
321 Ausspruch Kaiser Maximilians beim Verlassen Augsburgs am 23. September 1518, zit. nach: Luitpold Brunner: Kaiser Maximilian I. und die Reichsstadt Augsburg. Programm der K.K. Studien-Anstalt St. Stephan in Augsburg zum Schlusse des Schuljahres 1876/77, Augsburg 1877, S. 49

sonders bitterem Erlebnis konfrontiert, da die Wirte der Stadt seinem Tross aufgrund alter Schulden – es handelte sich immerhin um die hohe Summe von 24.000 Gulden – Quartier sowie Stallungen verweigerten und den Hofzug des Kaisers auf der Straße stehen ließen. Zutiefst enttäuscht von diesem Vorfall, drängte Maximilian darauf, umgehend abzureisen. In einer Sänfte verließ der gekränkte Monarch die Stadt und ließ sich auf dem Landweg nach Kufstein bringen, um von dort per Schiff nach Rosenheim zu gelangen.[322] Die nächsten Stationen seiner beschwerlichen Reise waren Salzburg und das Salzkammergut. Bernhardin von Herberstein, seit frühester Jugend als Kurier in den Diensten des Habsburgers, ritt neben der Sänfte seines Landesherrn und beschrieb Maximilian als auffallend schwach, Gesicht und Augen gelblich verfärbt. Hinzu kam, dass eine hartnäckige Erkrankung des Verdauungstraktes ihn beständig abmagern ließ. Zudem war eine alte Fußwunde wieder aufgebrochen und erschwerte ihm das Gehen. Auf dem Weg nach Salzburg besuchte der Monarch den Ort Sankt Wolfgang. Womöglich erhoffte er sich von einer Wallfahrt zu diesem wundertätigen Heiligen eine Linderung seiner Leiden.[323] Mit dem Abt von Kremsmünster, den er hier empfing, besprach er, zum wiederholten Mal, seine alten Pläne einer Grabeskirche samt Kloster und Ordensburg für die Ritter des Sankt Georgs Orden. Hauptaufgabe dieses Ordens seit Gründung durch Kaiser Friedrich III., galt dem Kampf gegen die Osmanen beziehungsweise deren Abwehr. Diese Anlage – mit dem Escorial Philipps II. vergleichbar – sollte auf dem Falkenstein, hoch über dem Wolfgangsee errichtet werden. An diesem einsamen Ort hätte der Kaiser allzu gerne seine letzte Ruhe gefunden.[324]

Im kalten und feuchten Novemberwetter wird sich Maximilian wohl jene schwere Erkältung zugezogen haben, die ihn letztlich auf das Kranken- und Todeslager werfen sollte. Auch die Heilwasser in Ischl, wo er auf seiner weiteren Reise Station machte, konnten ihm keine Besserung mehr verschaffen. Gesundheitlich am Ende seiner Kräfte und müde vom Umherziehen, nahm der Habsburger am 10. Dezember 1518 Quartier in der bescheidenen Burg zu Wels, der letzten Station seines unruhigen Lebens. Störungen von Galle und Leber, schwere

---

322 Wie Anm. 320, S. 421-423
323 Ebd., S. 423
324 Hollegger: Maximilian I., S. 239

Krämpfe, blutige und eitrige Durchfälle zehrten ihn nun mehr und mehr aus. Der venezianische Gesandte berichtete von 180 Entleerungen in 24 Stunden. Verstärkt wurde die Qual noch durch den ständigen Durst, den Fieber und Feuchtigkeitsverlust hervorriefen. Man bemühte sich, die bekanntesten und kundigsten Ärzte an das Krankenlager des Kaisers zu holen, doch sie konnten dem Todkranken nicht mehr helfen. Der Arzt, Geschichtsschreiber und Diplomat Johannes Cuspinian, langjähriger Vertrauter Maximilians, diagnostizierte Ruhr. Nach heutigen Erkenntnissen war es wohl ein infiziertes Gallensteinleiden, das zu einer eitrigen Entzündung des Gallengangsystems mit Wechselfieber und Staugelbsucht führte.[325] In der Nacht vom 30. auf den 31. Dezember 1518 diktierte Maximilian, da er wohl sein Ende nahen fühlte, allein und geheim sein letztgültiges Testament. Von den führenden Männern des Hofrates und der Hofkanzlei war niemand vor Ort. Ausschließlich die Sekretäre des Monarchen, Johannes Renner, Gabriel Vogt, Johannes Vinsterwalder und Jakob Spiegel, waren an seiner Seite und unterstützten ihn je nach Bedarf. Einleitend gedachte Maximilian in seinem Testament der Worte des Propheten Jesaja: „… 'mensch versich dein haws, dann du wirst sterben', und wir dann bedenken, daz wir die zeit, so ainem menschen naturlich zu leben von Got aufgesetzt ist, nahent erraicht …"[326]

Die Beisetzung seines Leichnams verfügte der Kaiser in der Sankt Georgskirche in Wiener Neustadt. Seine beiden Enkel, Karl und Ferdinand, setzte er als Universalerben ein. Damit waren auch die Rechte Ferdinands gegenüber Karl gesichert, der nur allzu gerne das gesamte Erbe für sich in Anspruch genommen hätte. Den Erben sollte auch die Verpflichtung zukommen, alle noch ausstehenden Schulden zu begleichen. Ganz besonders lag Maximilian am Herzen, seine langjährigen und treuen Diener entsprechend abzufinden. Hier erinnerte sich der Monarch auch des von ihm hochgeschätzten Kunz von der Rosen, der ihn einst unter Einsatz seines Lebens aus der Gefangenschaft in Brügge befreien wollte. Zudem sollten nach dem Ableben des Habsburgers

---

325 Ebd., S. 239-240
326 Aus dem Testament Kaiser Maximilians vom 30. Dezember 1518, zit.nach: Wiesflecker-Friedhuber (Hrsg.): Quellen zur Geschichte Maximilians I., S. 289

im Reich, in Österreich und Burgund acht Spitäler für die Armenversorgung eingerichtet werden.[327]

Elf Tage vor seinem Tod, am 1. Januar 1519, empfing der Kaiser sogar noch eine Gesandtschaft Heinrichs VIII. von England und verkühlte sich bei dieser Gelegenheit erneut, da er an das geöffnete Fenster getreten war, um den Flug der Falken zu Ehren seiner Gäste beobachten zu können. Obgleich Maximilian von Tag zu Tag zusehends schwächer wurde, ließ er noch seine Räte zu sich kommen und erledigte das anfallende Tagesgeschäft – so unter anderem ein Dankschreiben an den Dogen von Venedig für 25 Jagdfalken.[328]

Am 6. Januar 1519 traf endlich, bereits sehnlichst erwartet, der Kartäuserprior Gregor Reisch am Krankenlager des Kaisers ein. Nach der Beichte gab Maximilian ihm detaillierte Anweisungen über die Behandlung seines Leichnams. Bereits am 7. Januar empfing der Todkranke voll Demut in Anwesenheit der Hofleute das Sakrament. Wenige Tage später, am

10. Januar, unterzeichnete der Monarch sein Testament. Am Tag darauf, zwischen neun und zehn Uhr vormittags, legte man dem Sterbenden, da die Zeit drängte, jenen Nachtrag zum Testament vor, der bis zum Eintreffen des neuen Landesherrn die Regierungsführung dem neuen Hofrat und den Regimenten übertrug. Ebenfalls am 11. Januar 1519 empfing der Kaiser die letzte Ölung, was er anscheinend als befreiende Lossagung von aller weltlichen Verantwortung empfand. Um sich aller irdischen Aufgaben zu entledigen, übergab Maximilian dem Abt von Kremsmünster sein Sekretsiegel, das zur Beuurkundung alltäglicher Amtsgeschäfte diente. Fortan wünschte er nicht mehr als Kaiser angeredet zu werden.[329]

All jene, denen er möglicherweise Unrecht getan haben sollte, bat der Monarch nun im Angesicht des Todes um Verzeihung. Inzwischen wechselten bei ihm Ohnmachten mit lichten Momenten. Vertreter der Landstände versammelten sich ebenso wie Höflinge am Sterbebett des Kaisers. Am Abend jenes Tages raubte ihm ein letzter Schlaganfall die Sprache. Fortan konnte sich der bis zuletzt bei Bewußtsein bleibende Monarch den Anwesenden nur mehr durch Zeichen verständlich ma-

---

327 Wie Anm. 324, S. 242-243
328 Wiesflecker: Kaiser Maximilian I., Bd. 4, S. 424-425
329 Ebd., S. 427-428

chen. In den frühen Morgenstunden des 12. Januar 1519 verschied Maximilian erschöpft, aber ohne Todskampf. Der kaiserliche Kaplan Wilhelm Waldner, der sich zur Todesstunde bei ihm aufhielt, bemerkte nach dem Tod des Kaisers, er habe keinen Menschen je geduldiger sterben sehen.[330]

Zunächst hatte die Bevölkerung drei Tage lang Gelegenheit, dem in der Welser Burg öffentlich aufgebahrten Toten ihre Ehre zu erweisen. Dem Karthäuserprior Gregor Reisch oblag anschließend die Aufgabe, darüber zu wachen, dass der letzte Wille des Kaisers bezüglich seiner Beisetzung exakt eingehalten wurde. Maximilian hatte sich ein schlichtes Begräbnis gewünscht und eindeutige Anweisungen über die Behandlung seines Leichnams hinterlassen. Von einer Einbalsamierung bat der Monarch abzusehen, stattdessen hatte er angeordnet, dass ihm das Haupthaar abgeschnitten, die Zähne ausgebrochen, der Körper gegeißelt sowie anschließend mit Kalk und Asche bestreut werde. Sein Leichnam sollte sodann ausschließlich mit einem langen Totenhemd bekleidet werden. Nachdem all diese Anordnungen entsprechend befolgt und umgesetzt worden waren, hüllte man den toten Kaiser zunächst in schwarzen Damast und wickelte ihn daraufhin in einen dreifachen weißen Stoff. In die Hände gab man dem Verstorbenen einen Rosenkranz der Karthäuser und legte ihm ein Bleitäfelchen mit Namen sowie Todestag auf die Brust. Abschließend wurde der Verstorbene in den stets mitgeführten doppelten Eichensarg gebettet.[331] Nach einer feierlichen Totenmesse in der nahen Pfarrkirche, überführte man den Sarkophag in einem Leichenzug – vom Hofstaat und einigen Abgesandten der Stände begleitet – durch Dörfer und Städte Österreichs unter Glockengeläut nach Wien. In der Residenzstadt hatte sich unterdessen der niederösterreichische Landtag versammelt, um dem bisherigen kaiserlichen Hofrat wie auch dem Regiment den Gehorsam aufzukündigen. Das Ableben des Kaisers scheinen die Landstände eher mit Erleichterung aufgenommen zu haben. Am 3. Februar 1519 wurde dann der Leichnam Maximilians gemäß seinen Anweisungen in der Sankt Georgskirche in Wiener Neustadt unterhalb der linken Seite des Hochaltars beigesetzt. Das rastlose Leben dieses bedeutenden Habs-

---

330 Hollegger: Maximilian I., S. 240
331 Wie Anm. 329, S. 430-431

burgers hatte damit seinen Abschluss gefunden. Fliegende Blätter mit dem Abbild des Kaisers in Form eines Holzschnittes, diverse Berichte und Todesklagen sorgten für die Verbreitung der Todesnachricht in ganz Europa. Allerortens wurden feierliche Messen für den Verstorbenen abgehalten.[332]

Bereits zu seinen Lebzeiten erteilte Maximilian auf Grundlage seiner eigenen Ideen den Auftrag zur Errichtung eines Grabdenkmals. Bald nach dem Jahr 1500 hatte der Monarch bereits damit begonnen, seine Grablege zu planen. Während seiner letzten Lebensjahre trieb er diese Arbeiten mit viel Elan voran, ohne sie jedoch vollenden zu können. Die Idee zu diesem Projekt entstammte offenbar der künstlerischen Inspiration Maximilians und wurde von bedeutenden Meistern seiner Zeit – wie Albrecht Dürer, Veit Stoß oder Peter Löffler – geplant und zum Teil auch umgesetzt. Ständiger Geldmangel verzögerte die Arbeiten an dem gesamten Grabmonument derart, dass beim Tod des Kaisers die Anlage, die ursprünglich für die Sankt Georgs Kapelle der Burg zu Wiener Neustadt in Auftrag gegeben worden war, halb vollendet liegenblieb. Erst Jahrzehnte später, unter Maximilians Enkel, Kaiser Ferdinand I., sollte das Monument als Kenotaph in der eigens zu diesem Zweck erbauten Grabes- und Hofkirche in Innsbruck Aufstellung finden.[333]

In der Mitte der Kirche befindet sich das leere Hochgrab, versehen mit 24 Marmorreliefs der wichtigsten Ereignisse aus dem Leben Maximilians. Die Tumba ist bekrönt von der erzernen Statue des knieenden Monarchen. Flankiert wird das Grabmal von 28 – geplant waren 40 – übermannsgroßen, ebenfall erzernen, Standbildern der Vorfahren des Habsburgers sowie Heerkönigen aus Frühzeit und Sage, römischen wie deutschen Kaisern – den sogenannten „schwarzen Mandern".[334]

Seinen Nachfolgern hinterließ Maximilian die Fundamente eines Weltreiches. Neben dem österreichischen und burgundisch-niederländischen Erbe konnte der Habsburger seinen Enkeln auch die spanische Königskrone sichern. Karl durfte zudem die Kaiserkrone des Heiligen Römischen Reiches erwarten, nachdem die Wahl noch zu Lebzeiten

---

332 Wie Anm. 329, S. 431-432
333 Monika Frenzel: Kenotaph. Das Hochgrab Kaiser Maximilians I. in der Hofkirche zu Innsbruck, Innsbruck 2003, S. 4-6
334 Ebd., S. 4

des Großvaters bis ins Detail vorbereitet worden war. Zum Zeitpunkt des Ablebens Maximilians, konnte man nicht ahnen, dass Ferdinand als Landesherr der österreichischen Erblande binnen kurzem auch Böhmen und Ungarn erben würde. Trotz vielfach widriger Umstände war es dem Habsburger gelungen, Idee und Wirklichkeit eines mächtigen Imperiums vorzubereiten und seinen Nachkommen zu überlassen. Die Großmachtpolitik des Kaisers hinterließ allerdings enorme Schulden, da sie die Mittel seiner österreichischen und burgundischen Erblande bei weitem überschritt. Insgesamt bewegte sich die Schuldenlast, die Karl und Ferdinand zu übernehmen hatten bei etwa sechs Millionen Gulden.[335] Schon bald nach Maximilians Tod begannen seine Gläubiger die Hofkammer zu stürmen und ihrer Unzufriedenheit in öffentlichen Schmähungen Luft zu machen. Die Abzahlung der Schulden sollte noch über Jahre größte Probleme bereiten. Ausschlaggebend für die Aufstände, die in Wien und wenig später auch in Tirol losbrachen, war letztlich eben jenes hinterlassene finanzielle Chaos. Der Unmut der Bevölkerung richtete sich vorrangig gegen die Beamten des kaiserlichen Regiments, nicht aber gegen den verstorbenen Monarchen, der es bestens verstanden hatte, bei Lebzeiten das Bild des gütigen, von Gott eingesetzten Landesvaters von sich zu zeichnen.[336]

---

335 Hollegger: Maximilian I., S. 243
336 Wiesflecker: Kaiser Maximilian I., Bd. 4, S. 438-439

Schlussbetrachtung

In den großen politischen Konstellationen seiner Zeit hatte Maximilian durchaus das richtige Gespür. Ihm war bewußt, dass am Ausgang des 15. Jahrhunderts das Reich in einem Spannungsfeld stand. Das Verschwinden des Byzantinischen Kaiserreiches mit der Eroberung Konstantinopels durch die Türken im Jahre 1453 und die Etablierung der Habsburger in Burgund ab 1477 programmierte künftige Auseinandersetzungen für das politisch-territoriale Gebilde „Heiliges Römisches Reich Deutscher Nation" in der Mitte Europas mit den Osmanen einerseits sowie mit Frankreich andererseits praktisch vor. Gegen die sich ankündigende türkische Gefahr kam allerdings ein Feldzug wegen Geldmangels nie zustande. Die Kriege mit Frankreich musste der Habsburger im Grunde stets defensiv führen, da die Franzosen seit 1494 in Italien präsent waren und die militärischen Kräfte des Kaisers vor Ort in einer Reihe von Stellvertreterkriegen mit sich verändernden Fronten sowie wechselnden Verbündeten aufgezehrt wurden. Am Ende der fast ein Vierteljahrhundert in Anspruch nehmenden Kämpfe Maximilians in Italien stand der Friede von Brüssel im Jahre 1516, mit dem die traditionellen Rechte des Reiches in Oberitalien endgültig ad acta gelegt wurden.[337]

Der besonders bei den Stadtbürgern wegen seiner volkstümlichen Leutseligkeit beliebte Monarch brachte durch geschickte Fortsetzung der von seinem Vater begründeten Heiratspolitik dem Haus Habsburg eine solide Grundlage für dessen künftige europäische beziehungsweise weltweite Geltung ein. Die Annäherung des Kaisers an die spanischen Königreiche im Zuge der Heiligen Liga sollte denn auch langfristige dynastische Perspektiven eröffnen. Aus der spanischen Doppelheirat im Jahre 1495, der Vermählung der einzigen ehelichen Kinder Maximilians, Philipps des Schönen und Margarethes, mit den Thronerben der katholischen Könige, Juana und Juan, resultierten

---

337 Wiesflecker: Kaiser Maximilian I., Bd. 4, S. 476, S. 483-484

letztlich eben jene Ansprüche auf das spanische Erbe. Ähnlich weitreichende Folgen für die Dynastie der Habsburger sollte auch die sogenannte Wiener Doppelhochzeit des Jahres 1515 haben. Die tatsächlichen Eheschließungen seiner Enkel, der Erzherzogin Maria und des Erzherzogs Ferdinand, mit den Erben Ungarns, Anna und Ludwig aus dem Hause Jagiello, hat der Kaiser allerdings nicht mehr erlebt. Daß sich das Jagiellonen-Projekt dereinst zu einem so großen Erfolg für sein Haus entwickeln würde, konnte Maximilian zu jenem Zeitpunkt freilich noch nicht ahnen.[338]

Die habsburgischen Erblande rundete Maximilian durch kleinere Eroberungen sowie bemerkenswerte diplomatische Schachzüge ab und sorgte für die systematische Weiterentwicklung einer geordneten Administration in den österreichischen Territorien zwischen Rhein und Leitha. In der Reichspolitik gelang es ihm jedoch nicht, entscheidende Impulse zur Stärkung einer richtungsweisenden Zentralgewalt durchzusetzen.

Maximilian I., „Erwählter Römischer Kaiser", war – unabhängig von seinen Erfolgen und Mißerfolgen – zweifellos eine der faszinierendsten Gestalten jener Epoche des Umbruchs am Beginn der Neuzeit. Er war Ritter und moderner Herrscher zugleich, Krieger, Visionär und Träumer.[339]

---

338 Wie Anm. 337, S. 485, S. 487-488
339 Ebd., S. 496-497

Zeittafel

1459	Geburt Maximilians am 22. März in Wiener Neustadt als Sohn Kaiser Friedrichs III. (1415–1493) und dessen Gemahlin Eleonore von Portugal.
1473	Verhandlungen zwischen Kaiser Friedrich III. und Herzog Karl dem Kühnen von Burgund über die Heirat Maximilians mit Maria von Burgund.
1477	Tod Karls des Kühnen in der Schlacht von Nancy gegen die Eidgenossen am 5. Januar. Hochzeit Marias mit Maximilian in Gent am 19. August. Beginn des Burgundischen Erbfolgekrieges.
1478	Geburt Erzherzog Philipps, des einzigen legitimen Sohnes Maximilians, am 22. Juni in Brügge.
1479	Sieg Maximilians bei Guinegate gegen ein französisches Heer am 22. Juni.
1480	Geburt Erzherzogin Margarethes am 10. Januar in Brüssel.
1482	Tod Marias von Burgund am 27. März in Brügge nach einem Reitunfall. Friede von Arras zwischen Maximilian und Ludwig XI. von Frankreich am 23. Dezember.
1484	Aufstand der Städte Gent und Brügge gegen Maximilian, von Frankreich unterstützt.

1485	König Matthias Corvinus von Ungarn besetzt am 1. Juni Wien und Teile der Steiermark, Kärntens und Krains. Unterwerfung von Brügge und Gent durch Maximilian in den Monaten Juni und Juli. Abschluss des Friedens von Gent am 21. Juni. Anerkennung Maximilians als Regent und Vormund seines Sohnes Philipp.
1486	Wahl und Krönung Maximilians zum römisch-deutschen König in Frankfurt am Main und Aachen am 16. Februar bzw. 9. April. Rückkehr Maximilians nach Burgund. Fortgang des Krieges in Flandern, Holland und dem Artois.
1488	Gefangenschaft Maximilians in Brügge vom 1. Februar bis 16. Mai.
1489	Rückkehr Maximilians ins Reich im März; Fortführung des Krieges in Burgund durch Herzog Albrecht von Sachsen.
1490	Erzherzog Sigmund von Tirol tritt am 16. März Tirol und die Vorlande an seinen Neffen Maximilian ab. Innsbruck wird Maximilians wichtigste Residenz. Im August erobert Maximilian Wien und Wiener Neustadt von den Ungarn zurück. Prokuratorische Heirat Maximilians mit Anne de Bretagne am 6. Dezember in Rennes.
1491	Preßburger Friede zwischen Maximilian und König Wladislaw II. in Hinblick auf eine habsburgische Erbfolge in Ungarn und Böhmen am 7. November. Karl VIII. von Frankreich heiratet am 6. Dezember Anne de Bretagne (sog. „bretonischer Brautraub") und gibt Maximilians Tochter Margarethe frei.
1493	Friede von Senlis zwischen Maximilian und Karl VIII. am 23. Mai. Teilung Burgunds. Tod Kaiser Friedrichs III. in Linz am 19. August. Prokuratorische Heirat Maximilians mit Bianca Maria Sforza in Mailand am 20. November.

1494	Vermählung Maximilians mit Bianca Maria Sforza in Innsbruck und Hall am 16. März.
1495	Vorvertrag zur spanischen Doppelhochzeit in Antwerpen am 20. Januar. Heilige Liga zwischen Maximilian, dem Papst, den spanischen Königreichen, Mailand und Venedig am 31. März. Wormser Reichstagsabschied am 7. August: Reichsgesetze über Ewigen Landfrieden, Kammergerichtsordnung, Gemeinen Pfennig und Reichsregiment. Hauptvertrag zur spanischen Doppelhochzeit in Mecheln am 5. November.
1496/97	Reichstag in Lindau vom 21. August 1496 bis 8. Februar 1497. Erheblicher ständischer Widerstand gegen die Italienpolitik Maximilians.
1497	Reichstag in Worms vom 24. April bis 23. August. Proteste der Eidgenossen gegen das Kammergericht. Italienfeldzug Maximilians zwischen August und Dezember.
1497/98	Einrichtung von Hofrat, Hofkammer und Hofkanzlei in Innsbruck im Laufe des Winters.
1499	Schweizer- und Schwabenkrieg zwischen Januar und September. Eroberung Mailands durch Frankreich am 17. September. Vertreibung von Herzog Ludovico Sforza aus Mailand. Am 22. September Friede von Basel mit den Eidgenossen, die ihre Selbständigkeit behaupten.
1500	Geburt Karls (V.), des künftigen Gesamterben der habsburgischen und spanischen Territorien, am 24. Februar in Gent. Reichstag in Augsburg vom 10. April bis 10. September: Die Reichsstände lehnen eine Hilfe für Mailand gegen Frankreich ab. Entmachtung Maximilians im Reich. Errichtung eines Reichsregiments in Nürnberg.

1501	Vorfriede mit Frankreich in Trient am 13. Oktober: Plan einer Verheiratung Karls (V.) mit Claudia von Frankreich, König Ludwig XII. wird die Belehnung mit dem Herzogtum Mailand in Aussicht gestellt.
1502	Bruch mit Frankreich aufgrund der Unterstützung der spanischen Neapelpolitik durch Maximilian im März.
1503	Geburt Ferdinands (I.), des Bruders von Karl (V.) am 10. März in Alcalá de Henares. Papst Julius II. gewinnt Maximilian gegen Venedig und verspricht ihm die Kaiserkrönung in Rom.
1503/04	Bayerisch-pfälzischer Erbfolgekrieg: die bayerischen Territorien im Unterinntall (Rattenberg, Kufstein und Kitzbühel) gehen an Tirol.
1504	Friedens- und Freundschaftsvertrag in Blois zwischen Maximilian, Herzog Philipp dem Schönen von Burgund und Ludwig XII. von Frankreich am 22. September.
1505	Ratifikation des Friedensvertrages von Hagenau zwischen Maximilian und Ludwig XII. am 4. April. Reichstag in Köln vom 14. Juni bis 1. August: Bewilligung einer Kriegshilfe gegen Ungarn durch die Reichsstände.
1506	Maximilian schließt in Wiener Neustadt mit König Wladislaw II. von Böhmen und Ungarn am 20. März einen Doppelheirats- und Erbvertrag. Tod Philipps des Schönen in Burgos am 25. September. Das Erbrecht geht auf dessen Sohn Karl (V.) über.
1507	Reichstag in Konstanz vom 30. April bis 26. Juli: Die Reichsstände bewilligen eine Hilfe für Maximilians Italienfeldzug.

1508	Aufmarsch der Reichstruppen an der Veroneser Klause und gegen Friaul im Februar. Maximilian nimmt im Dom zu Trient am 4. Februar den Titel eines Erwählten Römischen Kaisers an. Niederlage der kaiserlichen Truppen am 2. März im Cadore. Venedig erobert Görz, Triest, Istrien und Fiume. Heilige Liga von Cambrai zwischen Papst Julius II., Maximilian, Frankreich und den spanischen Königreichen am 10. Dezember.
1509	Französischer Sieg bei Agnadello am 14. Mai gegen Venedig, das Verona und Padua räumt. Belehnung Ludwigs XII. mit Mailand durch Maximilian I. am 14. Juni. Venedig erobert am 17. Juli Padua zurück. Erfolglose Belagerung Paduas durch französische und kaiserliche Truppen zwischen August und Oktober.
1510	Reichstag in Augsburg vom 2. März bis 22. Mai: Die Reichsstände gewähren eine Hilfe für den Krieg in Italien. Tod von Bianca Maria Sforza, der Gemahlin Maximilians, am 31. Dezember in Innsbruck.
1511	Eroberung von Friaul durch kaiserliche Truppen im September und Oktober. Neue Heilige Liga zwischen Papst Julius II., den spanischen Königreichen und Venedig. Maximilian bleibt zunächst noch mit Frankreich verbündet. Venedig erobert im November Friaul zurück.
1512	In den Monaten Januar bis Juli Kämpfe der Neuen Heiligen Liga in Italien. Waffenstillstand zwischen Maximilian und Venedig am 1. April. Maximilian wendet sich endgültig von Ludwig XII. ab und tritt am 19. Juni der Liga bei. Frankreich muss sich aus Italien zurückziehen, die Medici erhalten Florenz, die Sforza Mailand zurück. Friedensverhandlungen Maximilians mit Venedig, die scheitern. Bündnis Maximilians mit Papst Julius II. gegen Venedig und Frankreich am 19. November.

1513	Abschluss eines gegen Maximilian gerichteten Friedens- und Bündnisvertrages zwischen Venedig und Frankreich am 23. März. Liga von Mecheln zwischen Julius II., Maximilian, Ferdinand von Aragón und Heinrich VIII. von England gegen Frankreich am 5. April. Angriff Frankreichs auf Mailand sowie Venedigs auf Verona zwischen Mai und Juli. Die Eidgenossen besiegen am 6. Juni Frankreich bei Novara. Höhepunkt der eidgenössischen Erfolge in Italien zu Lasten Frankreichs. Venedig belagert im Juli und August vergeblich Verona und Padua. Sieg des Kaisers und der spanischen Königreiche gegen Venedig bei Vicenza am 7. Oktober. Ludwig XII. verbündet sich am 23. Oktober mit Venedig.
1514	Waffenstillstand zwischen Maximilian und Venedig sowie den Spanischen Königreichen und Frankreich am 4. bzw. 13. März.
1515	Prokuratorische Besiegelung eines Doppelheiratsprojektes zwischen Habsburgern und Jagiellonen in Wien am 22. Juli. König Franz I. von Frankreich schlägt am 13./14. September im Rahmen seines Italienfeldzuges die Eidgenossen bei Marignano und erobert Mailand sowie die Lombardei.
1516	Brescia wird von Venedig am 23. Mai erobert. Friedensvertrag von Noyon am 13. August zwischen Karl (V.) und Franz I.
1517	Waffenstillstand Maximilians mit Venedig am 15. Januar.

1518   Generallandtag der österreichischen Erbländer zwischen Januar und Mai in Innsbruck: Beschwerden und Reformvorschläge der Stände.
Reichstag in Augsburg vom 7. Juli bis 14. Oktober: Verhandlungen Maximilians mit den Reichsständen bezüglich der Wahl seines Enkels Karl zum römisch-deutschen König.
Letzte Reise Maximilians von Augsburg über Innsbruck nach Wels zwischen September und Dezember.

1519   Tod Maximilians in Wels am 12. Januar.
Beisetzung Maximilians in der St. Georgskirche in Wiener Neustadt am 3. Februar.

Literatur- und Quellenverzeichnis

Amt der Niederösterreichischen Landesregierung (Hrsg.): Friedrich III. Kaiserresidenz Wiener Neustadt (Katalog des Niederösterreichischen Landesmuseums, Neue Folge Nr. 29), Wien-Sankt Pölten 1966

Birken, Sigmund von (Bearb.): Spiegel der Ehren des Höchstlöblichsten Kayser- und Königlichen Erzhauses Oesterreich: oder Ausführliche Geschichtsschrift von Desselben / und derer durch Erwählungs- Heurat- Erb- und Glücks-Fälle ihm zugewandter Käyserlichen HöchstWürde / Königreiche […], Nürnberg 1668

Böhm, Christoph: Die Reichsstadt Augsburg und Kaiser Maximilian I. Untersuchungen zum Beziehungsgeflecht zwischen Reichsstadt und Herrscher an der Wende zur Neuzeit (Abhandlungen zur Geschichte der Stadt Augsburg, Bd. 36), Sigmaringen 1998

Brunner, Luitpold: Kaiser Maximilian I. und die Reichsstadt Augsburg. Programm der K.K. Studien-Anstalt St. Stephan in Augsburg zum Schlusse des Schuljahres 1876/77, Augsburg 1877

Buchner, Rudolf: Maximilian I. Kaiser an der Zeitenwende, Berlin-Frankfurt a. M. 1959

Ehlers, Joachim; Müller, Herbert; Schneidmüller, Bernd (Hrsg.): Die französischen Könige des Mittelalters. Von Odo bis Karl VIII. 888 – 1498, München 2006

Fichtenau, Heinrich: Der junge Maximilian (1459-1482), München 1959

Fichtenau, Heinrich: Die Lehrbücher Maximilians I. und die Anfänge der Frakturschrift, Hamburg 1961

Frenzel, Monika: Kenotaph – Das Hochgrab Kaiser Maximilians I. in der Hofkirche zu Innsbruck, Innsbruck 2003

Gachard, Louis Prosper (Hrsg.): Lettres inédits de Maximilien, duc d'Autriche, roi des Romains et empereur, sur les affaires de Pays-Bas, 2 Bde., Brüssel-Gent-Leipzig 1851-1852

Hänssler, Wolf-Dietrich: Die großen Herzöge Burgunds, Wegbereiter Europas, Eislingen 1981

Heil, Dietmar (Bearb.): Deutsche Reichstagsakten unter Maximilian I., Bd. 10: Der Reichstag zu Worms 1509, Berlin-Boston 2017

Heimann, Heinz-Dieter: Die Habsburger. Dynastie und Kaiserreiche, München 2001

Helmrath, Johannes; Kocher, Ursula; Sieber, Andrea (Hrsg.): Maximilians Welt. Kaiser Maximilian I. Im Spannungsfeld zwischen Innovation und Tradition, Göttingen 2018

Herbers, Klaus; Schuller, Florian (Hrsg.): Europa im 15. Jahrhundert. Herbst des Mittelalters – Frühling der Neuzeit?, Regensburg 2012

Hollegger, Manfred: Maximilian I. (1459-1519). Herrscher und Mensch einer Zeitenwende, Stuttgart 2005

Ilgen, Theodor (Hrsg.): Die Geschichte Friedrichs III. und Maximilians I. von Joseph Grünpeck, Leipzig 1899

Jäger, Clemens: Oesterreichisch Ehrenwerk, 2 Bde., Innsbruck 1555-1559

Janssen, Johannes (Hrsg.): Frankfurts Reichscorrespondenz nebst andern verwandten Aktenstücken von 1376-1519, 2 Bde., Freiburg im Breisgau 1872

Kagerer, Alexander: Macht- und Medien um 1500. Selbstinszenierungen und Legitimationsstrategien von Habsburgern und Fuggern, Berlin-Boston 2017

Kamp, Hermann: Burgund. Geschichte und Kultur, München 2007

Kendall, Paul Murray: Ludwig XI. König von Frankreich 1423-1483, München 1979

Koller, Heinrich: Kaiser Friedrich III., Darmstadt 2005

Koppensteiner, Norbert (Hrsg.): Der Aufstieg eines Kaisers: Von seiner Geburt bis zur Alleinherrschaft 1459-1493, Wien 2000

Krieger, Karl Friedrich: Die Habsburger im Mittelalter. Von Rudolf I. bis Friedrich III., Stuttgart 2004

Ladero Quesada, Miguel Angel: Das Spanien der katholischen Könige. Ferdinand von Aragon und Isabella von Kastilien 1469-1516, Innsbruck 1992

Landesarchivverwaltung Rheinland-Pfalz (Hrsg.): 1495 – Kaiser, Reich, Reformen. Der Reichstag zu Worms, Koblenz 1995

Lhotsky, Alphons: Geschichte Österreichs seit der Mitte des 13. Jahrhunderts (1281-1358), 2 Bde., Graz-Wien-Köln 1967

Majoros, Ferenc: Karl V. Habsburg als Weltmacht, Graz-Wien-Köln 2000

Mertens, Dieter; Schnabel, Werner Wilhelm; Verweyen, Theodor (Hrsg.): Julius Wilhelm Zincgref. Gesammelte Schriften. Apophthegmata teutsch, 2 Bde., Berlin-Boston 2011

Metzig, Gregor M.: Kommunikation und Konfrontation. Diplomatie und Gesandtschaftswesen Kaiser Maximilians I. (1486-1519), Berlin-Boston 2016

Michel, Eva; Sternath, Maria Luise (Hrsg.): Kaiser Maximilian I. und die Kunst der Dürerzeit, München-London-New York 2010

Müller, Jan-Dirk: Gedechtnus. Literatur- und Hofgesellschaft um Maximilian I., München 1982

Müller, Jan-Dirk; Ziegeler, Hans-Joachim (Hrsg.): Maximilians Ruhmeswerk. Künste und Wissenschaften im Umkreis Kaiser Maximilians I., Berlin-Boston 2015

Niederhäuser, Peter; Fischer, Werner (Hrsg.): Vom „Freiheitskrieg" zum Geschichtsmythos. 500 Jahre Schweizer- oder Schwabenkrieg, Zürich 2000

Neudecker, Christian G; Preller, Ludwig (Hrsg.): Georg Spalatins historischer Nachlaß und Briefe. Aus den Originalschriften, 2 Bde., Jena 1851

Paravicini, Werner: Karl der Kühne. Das Ende des Hauses Burgund, Zürich-Frankfurt 1976

Peltzer, Jörg; Schneidmüller, Bernd; Weinfurter, Stefan; Wieczorek, Alfried (Hrsg.): Die Wittelsbacher und die Kurpfalz im Mittelalter, 2 Bde., Regensburg 2013

Pfintzing, Melchior (Hrsg.): Die geuerlicheiten und einsteils der geschichten des loblichen streytparen und hochberümbten helds und Ritters herr Tewrdanncks, Nürnberg 1517

Prietzel, Malte: Das Heilige Römische Reich im Spätmittelalter, Darmstadt 2004

Rogge, Jörg: Die deutschen Könige im Mittelalter. Wahl und Krönung, Darmstadt 2006

Runciman, Steven: Die Eroberung von Konstantinopel 1453, München 1966

Salmen, Walter (Hrsg.): Musik und Tanz zur Zeit Kaiser Maximilian I. Innsbrucker Beiträge zur Musikwissenschaft, Bd. 15, Innsbruck 1992

Schadek, Hans (Hrsg.): Der Kaiser in seiner Stadt. Maximilian I. und der Reichstag zu Freiburg 1498, Freiburg im Breisgau 1998

Schmidt-von Rhein, Georg (Hrsg.): Kaiser Maximilian I. Bewahrer und Reformer, Ramstein 2002

Strakosch-Grassmann, Gustav: Erziehung und Unterricht im Hause Habsburg, 1. Heft (5. Jahresbericht des Realgymnasiums Korneuburg, 1903), Wien 1903

Treitzsaurwein, Marx: Der Weiß Kunig. Eine Erzehlung von den Thaten Kaiser Maximilian des Ersten. Von Marx Treitzsaurwein auf dessen Angeben zusammengetragen, nebst den von Hannsen Burgmair dazu verfertigten Holzschnitten. Herausgegeben aus dem Manuscripte der kaiserl. königl. Hofbibliothek, Wien 1775

Ulmann, Heinrich: Kaiser Maximilian I. Auf urkundlicher Grundlage dargestellt, 2 Bde., Stuttgart 1884, 1891

Weiss, Sabine: Zur Herrschaft geboren. Kindheit und Jugend im Haus Habsburg von Kaiser Maximilian bis Kronprinz Rudolf, Innsbruck-Wien 2008

Weiss, Sabine: Die vergessene Kaiserin. Bianca Maria Sforza. Kaiser Maximilians zweite Gemahlin, Innsbruck-Wien 2010

Whaley, Joachim: Das Heilige Römische Reich Deutscher Nation und seine Territorien, 2 Bde., Darmstadt 2014

Wiesflecker, Hermann: Kaiser Maximilian I. Das Reich, Österreich und Europa an der Wende zur Neuzeit, 5 Bde., München 1971-1986

Wiesflecker-Friedhuber, Inge (Hrsg.): Quellen zur Geschichte Maximilians I. und seiner Zeit, Darmstadt 1996

Wilangowski, Gesa: Frieden schreiben im Spätmittelalter. Vertragsdiplomatie zwischen Maximilian I., dem römisch-deutschen Reich und Frankreich, Berlin-Boston 2017

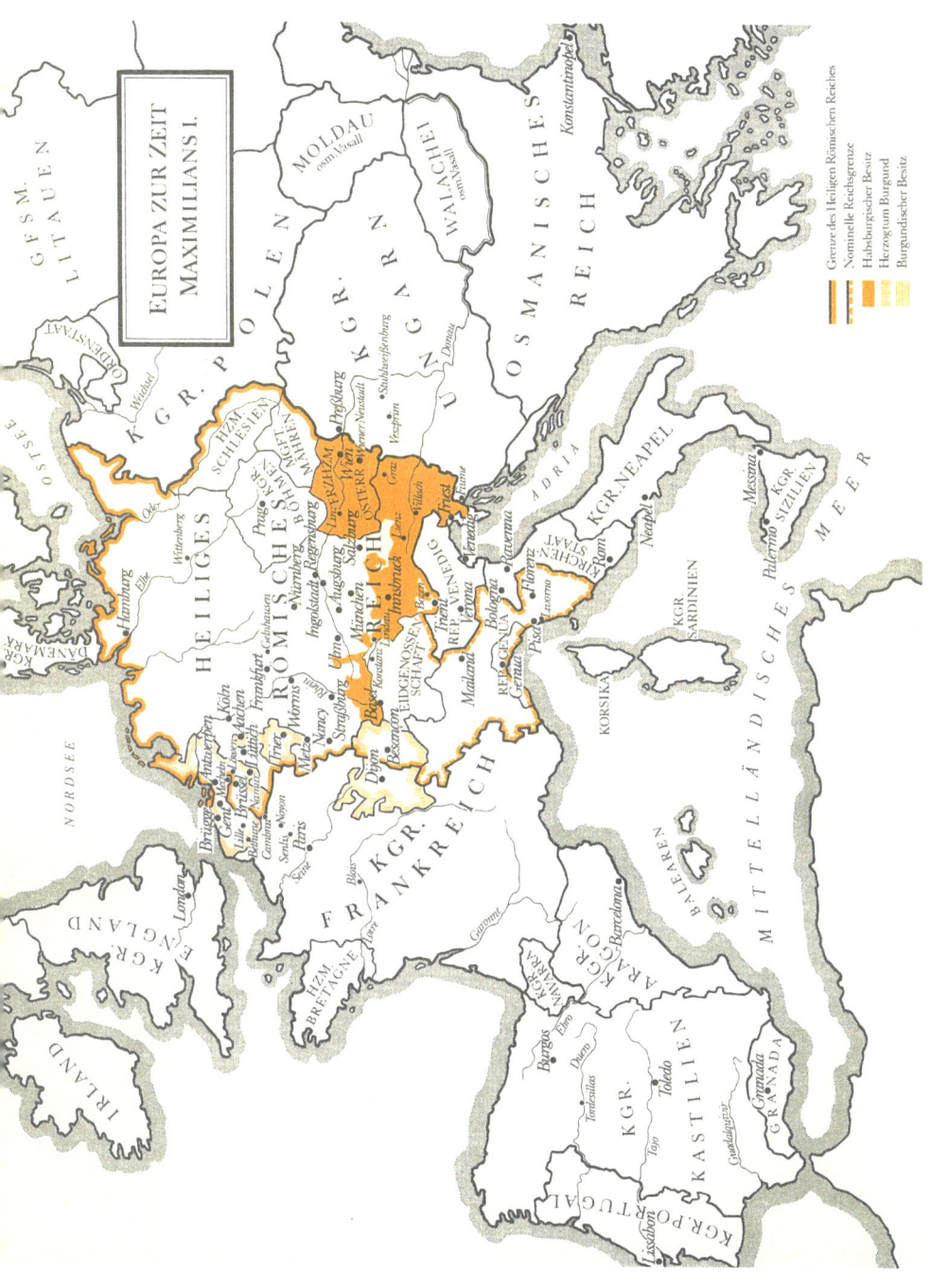

Kartengrundlage: Ernst Bruckmüller, Peter Claus Hartmann (Bearb.): Historischer Weltatlas, Bonn 2011